Verstehen und Gestalten B7

Arbeitsbuch für Gymnasien
Ausgabe B
Band 7 (7. Jahrgangsstufe)

Herausgegeben von Dieter Mayer und Gerhard Schoebe
Bearbeitet von Rolf Oehl

Lehrerband

Oldenbourg

© 1998 Oldenbourg Schulbuchverlag GmbH, München
www.oldenbourg-bsv.de

Das Werk und seine Teile sind urheberrechtlich geschützt. Jede Verwertung in anderen als den gesetzlich zugelassenen Fällen bedarf deshalb der schriftlichen Einwilligung des Verlags.

1., die Rechtschreibreform berücksichtigende Auflage 1998

Druck 04 03 02
Die letzte Zahl bezeichnet das Jahr des Drucks.

Umschlagkonzept: Mendell & Oberer, München
unter Verwendung einer Zeitungsannoncenseite, eines Hieroglyphentextes British Museum, London, und eines Gedichtausschnitts von R. Brambach: Unsere Welt. München 1956
Lektorat: Annette Rose
Herstellung: Eva Fink
Satz: R. Oldenbourg Graph. Betriebe GmbH, Kirchheim b. München
Druck: grafik + druck GmbH, München

ISBN 3-486-**88959**-7

Inhalt

Sprachlicher Umgang mit anderen (5–31)

1. Gespräche führen (5–20) 5
2. Ein Streitgespräch schreiben (20–31) 9

Beschreiben und Berichten (32–52)

1. Beschreiben: Vorgänge, Gegenstände, Bilder (32–47) 13
2. Berichten (48–52) 18

Literarische Texte lesen und verstehen (53–89)

1. Epen aus Antike und Mittelalter (53–65) 20
2. Kurzgeschichten erschließen (66–74) 29
3. Anekdoten: Eine besondere Art kurzer Erzählungen (74–76) 31
4. Gedichte und Balladen (77–89) 32

Texte zusammenfassen (90–105)

1. Nacherzählen oder zusammenfassen? (90–92) 39
2. Textzusammenfassung (92–105) 40

Jugendbuch: In einem Kurzvortrag den Inhalt vorstellen (106–113)

1. In einem Kurzvortrag den Inhalt eines Jugendbuches vorstellen (106–113) 47
2. Vorbereitung: Eine Gliederung anfertigen (109) 48
3. Ausarbeiten einzelner Abschnitte des Vortrags (109–112) 48
4. Gedächtnisstütze während des Vortrags: Der Stichwortzettel (112–113) 48
5. Den Vortrag besprechen (113) 49

Theater spielen (114–120)

1. Theater ohne Text: Pantomime (114–116) ... 50
2. In Szene setzen (116–120) 50

Erzählen (121–146)

1. Wozu wirkungsvoll erzählen? (121–124) 52
2. Beim Erzählen schildern (125–134) 53
3. Erzählkerne ausgestalten (135–136) 55
4. Texte umschreiben (137–140) 56
5. Parallelgeschichten schreiben (140–141) 58
6. Fantastische Geschichten erzählen: Sciencefiction-Geschichten schreiben (142–146) 58

Medien (147–151)

Medien und Freizeitgestaltung (147–151) 61

Sachtexte erschließen und bewerten (152–163)

1. Sachtexte verstehen – Informationen herausfiltern (152–158) 63
2. Sachtexte bewerten (159) 65
3. Training: Sachtexte erschließen (159–161) ... 65
4. Informationen beschaffen und auswerten (162–163) 66

Werbung (164–171)

1. Formen der Werbung (164–165) 67
2. Mittel der Werbung (166–168) 67
3. Aufgaben, Ziele und Bedeutung der Werbung (169–171) 68

Grammatik I: Das Verb (172–188)

1. Zur Wiederholung: alle Wortarten (172–174) 69
2. Das Verb: Der Modus (175–188) 70

Sprachkunde (189–192)

1. Allgemeine und spezielle Wörterbücher (189–190) 74
2. Bedeutungswandel (191–192) 75

Grammatik II: Satzglieder, Syntax und Zeichensetzung (193–207)

1. Satzglieder und Satzgliedteile (193–195) 77
2. Syntax (195–205) 78
3. Gedankliche Beziehung und sprachlicher Ausdruck (206–207) 81

Rechtschreiben (208–226)

1. Wiederholung (208–211) 82
2. Groß- und Kleinschreibung (211–218) 83
3. Getrennt- und Zusammenschreibung (218–222) 86
4. Fremdwörter richtig schreiben (223–226) 87

(5–31) # Sprachlicher Umgang mit anderen

Zielsetzung des Kapitels

Der erste Teil dieses Kapitels führt die Gesprächserziehung der 5. und 6. Jahrgangsstufe weiter. Nachdem die Schüler gelernt haben, wie man in geordneter und überlegter Weise miteinander spricht, Meinungen partnerbezogen äußert und Standpunkte vertritt, werden diese Fähigkeiten in der 7. Jahrgangsstufe ergänzt und auf eine Diskussion übertragen. Fähigkeiten des Begründens und Argumentierens treten hinzu. Die Gesprächsregeln werden zu Diskussionsregeln erweitert. Die Schüler werden angeleitet diese Regeln und Grundsätze für Diskussionen zu vereinbaren und zu beachten.

Wie in den ersten beiden Bänden ist auch diesem Kapitel ein Bereich des schriftlichen Sprachgebrauchs zugeordnet: das Streitgespräch. Ausgehend vom mündlichen Sprachgebrauch wird im zweiten Teil das Schreiben eines Streitgesprächs erarbeitet. Dabei lernen die Schüler den logischen Aufbau von Gedankengängen kennen und üben die Formen des Erwiderns und Konterns. Diese Techniken des Argumentierens werden in der Mittelstufe bei der begründeten Stellungnahme und bei der Erörterung weitergeführt.

Literaturhinweis:

Informationen zum Streitgespräch in der 7. Jahrgangsstufe sind zu finden in den Handreichungen „Schriftlicher Sprachgebrauch" im Deutschunterricht am Gymnasium, Band I: Unter- und Mittelstufe, ISB München (Verlag Ludwig Auer Donauwörth) 1992. In dem Kapitel „Argumentierendes Schreiben auf der Mittelstufe" sind die S. 159–162 dem Streitgespräch und seiner Bedeutung im Rahmen des Argumentierens gewidmet.

Hinweise zu den Aufgaben

(5–20) ### 1. Gespräche führen

(5–13) #### 1.1 Darstellen und begründen

(6) **Aufgabe 1** zu Text 1 (5):
  a) <u>Anlass:</u> Idee der Deutschlehrerin, durch Kurzvorträge Lieblingsbücher vorzustellen.
  <u>Streitfrage:</u> Sollen Kurzvorträge gehalten oder soll eine Liste lesenswerter Bücher zusammengestellt werden?
  b) Reihenfolge: 1. Kim, 2. Markus, 3. Angelika, 4. Martin, 5. Elisabeth, 6. Dominik, 7. Monika, 8. Pablo, 9. Michael
  c) Standpunkte:
  (1. Kim)
  2. Markus geht auf Kims Frage ein und lehnt Kurzreferate unsachlich ab. Begründung: Vorträge über Hobby (als Beispiel)
  3. Angelika bestätigt Markus in unsachlicher Weise und ohne Begründung.
  4. Martin vertritt die Gegenposition „Spaß an Vorträgen". Begründung: Kennenlernen neuer Bücher.
  5. Elisabeth lehnt Martins Beitrag emotionsgeladen und verletzend ab. Gegenvorschlag: Schmökern in der Bibliothek
  6. Dominik ergänzt Elisabeths Beitrag mit einem Beispiel: erfolgreiche Bücherliste der 7a.
  7. Monika befürwortet dagegen Kurzreferate. Begründung: wirkliches Kennenlernen von Büchern, Anregung zum Lesen. Sie argumentiert emotional und schließt mit einer provozierenden Frage.
  8. Pablo übt Kritik an Monikas Frage und macht einen Vermittlungsvorschlag.
  9. Michael erweitert und präzisiert Pablos Vermittlungsvorschlag.

Aufgabe 2 a) und b) ist abhängig von der Weiterführung des Gesprächs.
Zu den Gesprächsregeln vgl. Band 5, S. 51, Band 6, S. 168 ff., z. B.:
– Wir melden uns zu Wort.
– Wir hören dem Gesprächspartner zu.
– Wir lassen ihn ausreden.
– Wir lachen niemanden aus, wir verletzen niemanden.

- Wir sprechen laut und deutlich.
- Wir fragen nach, wenn wir etwas nicht verstanden haben.
- Wir bleiben sachlich und begründen unsere Meinung.
- Wir gehen im Gespräch aufeinander ein und bleiben beim Thema usw.

(7) **Aufgabe 3** zu Text 2 (6) und ⓘ:
a) **und b)** Vorschlag:
(Standpunkt) Ich meine, dass wir uns nur mit einem einzigen Jugendbuchautor bzw. einer einzigen Jugendbuchautorin befassen sollten. Wir könnten zuerst seine oder ihre Bücher vorstellen und dann den Autor oder die Autorin zu einer Lesung und einem Gespräch einladen. Wenn das nicht geht, können wir ja einen Brief schreiben und darin Fragen stellen, die sich aus den Vorträgen ergeben haben.
(Begründung) Das ist für uns alle etwas Neues und wir erhalten genauere Informationen als durch die Vorträge im letzten Schuljahr, da wir die Themen der Bücher und die Schreibweise des Autors oder der Autorin gründlicher kennen lernen. Die Vorträge werden lebendiger und interessanter, denn wir sind ja auf den Schriftsteller (die Schriftstellerin) selbst oder seine (ihre) Antwort auf den Brief gespannt und neugierig.
(Beispiel) Die Klasse … des … Gymnasiums hat schon mehrmals Autorenlesungen durchgeführt, und zwar mit großem Erfolg. Ich habe von Autoren (Autorinnen) gehört, die gerne in die Schulen kommen. Vielleicht kann unsere Deutschlehrerin …

c) Gegenvorschlag:
Wir sollten uns nicht nur mit einer einzigen Autorin oder einem einzigen Autor beschäftigen, denn wir können ja nicht alle Vorträge über Bücher einer Schriftstellerin oder eines Schriftstellers halten. So viele Bücher hat er (sie) vielleicht gar nicht geschrieben. Außerdem wird es auf die Dauer langweilig, immer nur von einer Autorin (einem Autor) etwas zu hören. Stellen wir also viele Autoren und Bücher vor. Dadurch erhalten wir interessante Anregungen zum Lesen.
Den Vorschlag mit der Autorenlesung bzw. mit dem Brief finde ich gut. Man braucht diese Lesungen aber nicht mit Vorträgen vorzubereiten. Wenn wir zu Hause Bücher eines Autors (einer Autorin) lesen, darüber in einer Stunde diskutieren und Fragen sammeln, die wir nach der Lesung oder in einem Brief stellen können, bringt das viel mehr Abwechslung und Spaß als eine Reihe von Vorträgen. Wir müssen allerdings daran denken, dass diese Autorenlesungen etwas kosten. …

(7) **Formen des Begründens**

Aufgabe 4 a) und b) ergibt sich aus Aufgabe 3. Vgl. dazu den Informationskasten (7).

(8) **Aufgabe 5** zu Text 3 (8):
a) ist abhängig von den Meinungen der Schüler zu Elisabeths Idee, „nur ein einziges Jugendbuch gemeinsam zu lesen und zu besprechen".
b) Elisabeth muss ihre Sätze verbinden (Satzanfänge!). Es fehlen Konjunktionen.
c) ist abhängig von den Erfahrungen der Schüler. (Kurzvorträge, Lesen von Ausschnitten, Bibliotheksbesuche, Autorenlesungen, Informationen durch Buchhändler, Jugendbuchverlage, Buchlisten und Buchbesprechungen in Zeitungen und Zeitschriften u. a.)

Aufgabe 6 zu Text 3 (8):
a) Aufbau von Elisabeths Beitrag:
1. Elisabeths Idee und Vorschlag (Z. 1 f.)
2. Ablehnung aller anderen Vorschläge (Z. 2–9):
   – der Kurzvorträge (Z. 2–5): zu viel Zeit, langweilig, verwirrend
   – des Bibliotheksbesuchs (Z. 5–7): Verlust des Überblicks durch zu viele Bücher, zu viel Zeitaufwand
   – des Vorstellens einer Autorin (eines Autors) (Z. 7–9): langweilig, evtl. uninteressante Bücher
3. Begründung des eigenen Vorschlags (Z. 10–18):
   – geringer Zeitaufwand in der Schule und in der Freizeit, mehr Spaß (Z. 10/11)
     Z. 11–13: Hinweise auf Freizeitaktivitäten
     Z. 13 f.: Wiederholung des Vorschlags
   – weitere Begründungen (genaueres Lesen eines Buches ist ergiebiger, bringt mehr übertragbare Erfahrungen) mit Schlusszusammenfassung (Z. 14–18)

(8) b) Elisabeth sichert dadurch ihren eigenen Vorschlag gegen Einwände ab.

Aufgabe 7:
a) Der Text wirkt abgehackt und eintönig.
b) Spielraum für Versuche der Schüler.

Aufgabe 8 zur Übersicht „Sprachliche Formen des Begründens" (9): Spielraum für Versuche der Schüler

(9) **Aufgabe 9:**
1. Da es regnet, spanne ich meinen Schirm auf.
2. Ich fahre mit dem Bus zum Bahnhof. Als ich dort ankomme, ist der Zug schon weg.
3. Obwohl ich zur Schule renne, komme ich zu spät.
4. Da es klingelt (besser: geklingelt hat), öffne ich die Tür.
5. Sie liegt im Krankenhaus. Da sie sehr schwach ist (Da ich wenig Zeit habe), bleibe ich nur eine Viertelstunde.

a) Ohne Verknüpfung: 1, 4
Fehlen eines Verbindungssatzes: 2, 5
Unsicherheiten: 3 (Das „Ich komme zu spät" könnte eine Befürchtung, ein Gedanke sein.); evtl. auch 2, da der innere Zusammenhang fehlt: Warum fährt er (sie) zum Bahnhof? Will er (sie) mit dem Zug wegfahren oder jemanden vor der Abfahrt treffen und verabschieden?

Aufgabe 10:
a) Z. 6: Beispiel zur Erläuterung, warum man den Überblick verliert
Z. 12/13: Beispiele für die Belastung (durch die Schule? durch Freizeitaktivitäten!)
Z. 16: Beispiel für Untersuchungsbereiche
b) Z. 4: z. B. Hinweis auf die lange Vortragsreihe im Vorjahr
Z. 9: Beispiel eines uninteressanten Buches
Z. 16: z. B. Verhalten, Charakter, Konflikte der Personen

(10) **Aufgabe 11 in Verbindung mit [i] (10):**
Der Schwerpunkt soll auf die inhaltliche Qualität (das logische Gewicht) von Argumenten gelegt werden. Die sprachliche Einkleidung ist wichtig, noch wichtiger ist die Überzeugungskraft.
a) Z. 11–13: unzulässige Verallgemeinerung – Woher kommt die Überlastung wirklich?
b) Spielraum für Einfälle der Schüler

Aufgabe 12:
Überprüfung der Argumente zum Standpunkt Stephans:
Brigitte N. argumentiert unsachlich und will nur der Arbeit ausweichen (Z. 2/3). Sie hat ihre Bequemlichkeit und ihren „Spaß" im Sinn.
Martin H. argumentiert nicht überzeugend. Seine Äußerungen sind sprunghaft, seine Folgerungen nicht stichhaltig, denn unter den Büchern könnten viele sein, die nicht allen Schülern bekannt sind. Seine Unsicherheit zeigt sich in der Schlussfrage.
Nina T. lehnt Stephans Vorschlag mit einer klaren Begründung (Z. 2) ab, erläutert ihren Einwand mit mehreren Beispielen (Z. 3–6) und fasst ihre Stellungnahme zusammen (Z. 5).
Angelika N. geht auf Stephans Vorschlag kaum ein, sondern will die Kurzvorträge durchsetzen. In diesem Zusammenhang äußert sie eine vage Vermutung (Z. 4f.) und unwahre, verallgemeinernde Behauptungen (Z. 5/6).

(11) **Aufgabe 13 a) und b):** Vgl. Aufgabe 3.
Spielraum für Argumentationsversuche der Schüler

(12) **Den Adressaten und das Gesprächsziel beachten**

Aufgabe 14 zu Text 5 (12) ist abhängig von den Meinungen der Schüler.

Aufgabe 15 zu Text 5 (12):
a) A: Annette spricht mit ihren Eltern. Oliver ist ihr Bruder.
B: Annette will eine Freundin zum Skateboardfahren verlocken.
C: Annette spricht mit einer verantwortlichen Person in der Schule (Mitglied der Schulleitung, der Lehrerschaft oder der Hausverwaltung).
D: Annette wendet sich an einen Verkäufer (eine Verkäuferin) in einem Sportartikelgeschäft.

(12) b) A: Ziel: Kauf eines Skateboards
Begründung: Hinweis auf Skateboards der Freundinnen, Vergleich der Kosten mit den Ausgaben für Olivers Tennisausrüstung
B: Ziel: Überredung der Freundin zum Skateboardfahren
Begründung: Spaß, Konkurrenz der Jungen; Hinweis auf Teilnahme weiterer Freundinnen
C: Ziel: Skateboardfahren auf dem Schulhof
Begründung: ideale Bedingungen, Zustimmung und Interesse der Eltern
D: Ziel: Kauf eines sicheren, preiswerten Sportgeräts
Begründung: Bedürfnisse einer Anfängerin

(12) **Aufgabe 16 a) und b):**
Spielraum für Vorstellungen und Argumente der Schüler

(14–20) 1.2 Fair diskutieren: Diskussionsregeln

(14) **Aufgabe 1** zu Text 6 (14):
a) Z. B. Unterhaltung über Erlebnisse, Erfahrungsaustausch, Alltagsgespräche (Konversation), Gespräche mit Eltern, Freunden oder Freundinnen, Verwandten und Bekannten; Pausengespräche, Informationsgespräche verschiedener Art usw.
b) Die ersten beiden Themenvorschläge sind geeignet, da man Argumente dafür und dagegen finden kann (Thema als Streitfrage). Zu den übrigen, nicht sinnvollen Themen vgl. die Erläuterungen im Informationskasten.
Dis|kus|si|on, die; -, -en ⟨lat.⟩ (Erörterung; Aussprache; Meinungsaustausch); (Duden 1)

(15) **Aufgabe 2** ist abhängig von den Themen, die die Schüler finden.

Aufgabe 3:
a) Diskutieren: „erörtern, besprechen"; im 16. Jh. entlehnt aus lat. discutere „zerschlagen, zerteilen, zerlegen", in dessen übertragener Bedeutung „eine zu erörternde Sache zerlegen, sie im Einzelnen durchgehen" (vgl. Duden 7, S. 112).
Beispiel:
Unterbrechung einer Diskussionsrunde: Das Problem konnten wir heute nur andiskutieren. Morgen werden wir es ausdiskutieren, denn es werden Experten mitdiskutieren.
Ihr habt wild diskutiert: Ihr habt euch erregt, heftig und wohl auch ungeordnet über einen Sachverhalt gestritten.
Ihr habt geordnet diskutiert: Ihr habt unter der Regie eines Diskussionsleiters und unter Beachtung von Diskussionsregeln miteinander über einen umstrittenen Sachverhalt gesprochen.
Eine Fernsehdiskussion ist eine Diskussionsrunde, die im Rahmen begrenzter Sendezeit mit (oft prominenten) Sachkennern und Fachleuten unter der Leitung einer (meist in der Öffentlichkeit bekannten) Persönlichkeit durchgeführt wird.
b) Z. B. Diskussionsbasis, Diskussionsgegenstand, Diskussionsgrundlage, Diskussionsthema, diskutierbar, diskussionsfreudig, diskussionsmüde usw.

(16) **Aufgabe 4** zu Text 7 (15):
a) Spielraum für Rollenspiele der Schüler
b) Michael hat kein echtes Interesse am Diskussionsgegenstand und entfacht durch sein dummes Klischeeurteil einen Streit der Geschlechter, in dem die Vorurteile aufeinander prallen.
c) Lars und Michael greifen Anne bzw. Dominik persönlich an. Kathrin reagiert aggressiv auf Michaels Äußerung und entfacht das schwelende Feuer. Ob Dominik bei diesen latenten Spannungen (Abneigungen, persönliche Feindschaften, Vorurteile) den Streit schlichten kann, ist mehr als fraglich.

Aufgabe 5:
a) Vgl. Aufgabe 4c.
b) und c) ergibt sich aus Text 7 und den Erfahrungen der Schüler.

(16) **Zuhören und anknüpfen**

Zu **Aufgabe 6a) und b)** sind keine Hinweise nötig, da die Ergebnisse vom Verlauf der Diskussion(en) abhängen.

(17) **Aufgabe 7** zu Text 8 (17):
a) – Annette weist auf unfaires Diskutieren hin. Man ist gar nicht auf den Vorredner eingegangen.
 – Michael betont das Recht, die eigene Meinung zu äußern.
 – Wolfgang verlangt, dass man in einer Diskussion auf den Partner eingeht.
 – Christiane fordert, dass ein Diskussionsziel beachtet wird.
 – Kristin will sich bestätigen lassen, dass das Ziel einer Diskussion nur ein Meinungsaustausch ist.
b) Vgl. den Informationskasten zur Diskussion (14).
c) Michael übernimmt das Stichwort „fair" von Annette, Wolfgang widerspricht („Aber …") Michael. Christiane stimmt Wolfgang zu („Genau!") und Kristin reagiert mit ihrer Frage „Und wozu?" auf Christianes Zielbeschreibung.
d) Das Anknüpfen ist wichtig für den Verlauf einer Diskussion, damit möglichst viele verschiedene Standpunkte ausgetauscht und geprüft werden können um eine Streitfrage zu klären.
e) Spielraum für Beispiele der Schüler
(Wenn jemand kein Interesse an dem zu behandelnden Problem oder an der Streitfrage hat, ist seine Teilnahme an einer Diskussion nur störend.)

Aufgabe 8 ist abhängig vom gewählten Diskussionsthema und dem Verlauf der Diskussion.

(17 f.) Aufgabe 9 a) und b) dient der Zusammenfassung des bisher Erarbeiteten. Vgl. den Informationskasten (14) und das Schaubild (16).

(18) **Eine Diskussion leiten: Verteilen und steuern**

Aufgabe 10 a) und b):
Zu dieser Aufgabe sind keine Hinweise nötig, da Erfahrungen und Vermutungen der Schüler gefragt sind. Es geht um die Frage, warum und woran Diskussionen scheitern.

(18 f.) **Aufgabe 11 zu Text 9 (18):**
Aufgaben eines Diskussionsleiters
a) – Der Diskussionsleiter berücksichtigt die Meldung der Diskussionsteilnehmer und erteilt das Wort. (Punkt 2)
– Er lenkt und steuert den Diskussionsverlauf. (Punkt 3)
– Er fasst Beiträge zusammen. (Punkt 4)
– Er achtet auf die Einhaltung der Diskussionsregeln. (Punkt 5)
– Er bringt wieder Ordnung in eine Diskussion. (Punkt 6)
– Er beendet die Diskussion mit einem Antrag und fasst den Stand und gegebenenfalls das Ergebnis der Diskussion zusammen. (Punkt 7)
b) S. 5: Michael (Punkt 1)
S. 69/70: Frau Liedtke (Punkt 4)
S. 77: Peter (Punkt 6)
S. 98: Oliver (Punkt 3)
S. 123/147/180/181: kein Leiter erkennbar
S. 186: Sascha (Punkt 7)

(19) Aufgabe 12 a), b), c) ist abhängig von den Diskussionsübungen in der Klasse.

Aufgabe 13 zu Text 10 (19 f.):
a) Peter bringt ein Beispiel (Z. 3–5).
Steffen geht auf Christianes Beitrag ein und argumentiert überlegt („denn", „deshalb", Beispiele, vgl. Z. 11–13, 17 f.).
b) Christiane wird persönlich und argumentiert unsachlich (Z. 7 f.).
Steffen diskutiert besonders fair (Z. 11).
Barbara lässt Steffen nicht ausreden (Z. 14).
c) Sinnvolles Eingreifen der Diskussionsleiterin: Z. 2, 9, 15/19
Ungeschicktes Verhalten der Diskussionsleiterin: Z. 22, Z. 23 f.
Zu **d)** sind keine Hinweise nötig.

(20–31) 2. Ein Streitgespräch schreiben

(20–22) 2.1 Ein Streitgespräch – was ist das?

(21) **Aufgabe 1 zu Text 1 (20 f.):**
a) Man wirft sich gegenseitig Fehler vor und streitet über Folgendes: ungenaues Abspiel, mangelnde Konzentration im Feld, absichtliches Übertreten der Linie (Missachtung von Regeln), Schwächung der Mannschaft durch das Fehlen einer Leistungsträgerin
b) Oberthema: Warum haben wir verloren?

Aufgabe 2:
a) Spielraum für die Auffassungen der Schüler
b) Eine sachliche Analyse der Gesamtleistung unter Führung des Jugendleiters, der die Emotionen dämpft, könnte zu einem Ergebnis führen.

Aufgabe 3:
a) Streiterei: ungeordnet und wirr, gefühlsbetont, oft lautes Geschrei; Entladung angestauter Gefühlsspannungen (Wutausbrüche), die zu tätlichen Angriffen übergehen können; Streitgespräch: geordnet, sachlich und themabezogen, moderater Gesprächston, aggressionsfrei
b) Gegenseitige Vorwürfe und spitze Bemerkungen steigern die innere Erregung. Aufgestaute Gefühle brechen hervor, die Lautstärke nimmt zu, die Selbstkontrolle nimmt ab, die Aggressivität wächst usw.

(22) **Aufgabe 4:**
Der Verlauf des Streits:
– Michael beschimpft Peter („Pflaume"), Peter schlägt (verbal) zurück.
– Angela versucht den sinnlosen Streit der beiden zu beenden, wirft ihnen aber indirekt ihre Fehler vor.

- Annette beschuldigt Oliver die Linie absichtlich übertreten und einen entscheidenden Ballverlust provoziert zu haben.
- Oliver wehrt sich gegen die Dauerrolle als Sündenbock.
- Annette will ihren Vorwurf deutlicher begründen.
- Oliver wird laut und greift Annette (verbal) an.
- Michael möchte Annettes Vorwurf untermauern.
- Oliver will sich mit fadenscheinigen Ausflüchten (unlogische Begründung) herausreden.
- Peter verspottet Oliver.
- Michael setzt sich für Oliver ein und nennt Birgits Fehlen als Ursache der Niederlage.
- Fabienne (Eifersucht?) fühlt sich und die anderen durch Michaels Vorliebe für Birgit herabgesetzt und attackiert ihn ziemlich wütend und giftig.
- Michael erwidert die verbale Attacke mit einem tätlichen und verbalen Angriff.
- Der Jugendleiter unterbricht den Streit, der auszuufern droht.

(22–24) ## 2.2 Einen Gedankengang logisch aufbauen

(23) **Aufgabe 1** zu Text 2 (22 f.):
(Angela, Annette, Fabienne, Michael und Birgit (!) sind nicht beteiligt.)
a) – Britta beschuldigt niemanden direkt, sondern macht der gesamten Mannschaft den Vorwurf mangelnder Konzentration.
- Peter versucht den Vorwurf durch den Hinweis auf den „Super-Werfer" Philipp zu entkräften.
- Britta lässt diese Entschuldigung nicht gelten, indem sie auf Michaels frühere Leistungen hinweist, die Philipps Wirkung vermindert haben.
- Peter stimmt mit einem Seitenhieb gegen den in seiner Leistungsfähigkeit gehemmten Michael zu, verweist aber auf die Fähigkeiten von Nicole und Claudia.
- Britta relativiert die Leistung der beiden Mädchen und bringt Olivers dreimaliges Übertreten vor.
- Peter verteidigt Oliver.
- Britta erinnert daran, dass fast die gleiche Mannschaft in der letzten Woche über den gleichen Gegner gesiegt hat.
b) Ein solches Streitgespräch löst keine Aggressionen aus, es wirkt beruhigend und klärend. Vielleicht kann man dadurch Selbstvertrauen zurückgewinnen und Lehren aus dem verlorenen Spiel ziehen.
c) Das Gespräch verläuft geordnet. Peter kann auf Brittas Standpunkte antworten, ohne dass sich dabei jemand einmischt.
Jeder Äußerung kann einzeln widersprochen werden (Äußerung und Widerspruch).

(23) **Aufgabe 2:**
Z.B.: Eine Mannschaft hat zu schlampig gefangen, darum (folglich, also) hat sie den Ball oft abgeben müssen.
Eine erfolgreiche Mannschaft braucht gute Werfer. Philipp ist ein sehr sicherer Werfer. Deshalb hat er viele Gegner abgeworfen (getroffen), sodass seine Mannschaft siegte.

(24–28) ## 2.3 Ein Konter – was ist das?

(24) **Aufgabe 1:**
a) Peters Gedanken sind nicht überzeugend. Das zeigt sich schon am Anfang seiner Argumentation („Ich glaube nicht, …"). Seine Begründung ist zu undifferenziert.
b) Britta entkräftet Peters Standpunkt, indem sie seine Begründung und sein Beispiel widerlegt.
c) Peter: 1. „Ich glaube nicht, dass …"
2. –
3. „Zum Beispiel …"
Britta: 1. „Ich denke trotzdem, dass …"
2. „denn" … „und außerdem …"
3. –
d) Peter: Standpunkt – Begründung – Beispiel
Britta: Gegenstandpunkt – Gegenbegründung – Gegenbeispiel
e) Z. 16–21

(25) **Training: Das Kontern üben**

(25 f.) **Aufgabe 2 a) und b)** ist abhängig von den Rollenspielen und Themen der Schüler.

(26) **Aufgabe 3** zu Text 3 (26):
a) C: Max entkräftet Stefans Behauptungen.
Sein Konter:
1. Er bestreitet die Schwierigkeit der Route.
2. Er bringt als Gegenargument den starken Verkehr (implizit) auf den Bundesstraßen.
3. Er festigt den eigenen Standpunkt, indem er auf den Radweg nach Oberbergstadt hinweist.

Zu A: Markus widerspricht nur und fühlt sich zurückgesetzt.
Zu B: Die Mutter kontert mit einem Gegenvorschlag.

(26) **Aufgabe 4** zu Text 4 (26 f.):
Beispiele:
A: Ich brauche unbedingt mehr Taschengeld. Ich habe mein Geld auch nicht für unnütze Dinge ausgegeben, denn ich musste mir letzte Woche davon ein Englischlexikon kaufen. Für die CD habe ich das Geld verwendet, das ich von Oma zum Geburtstag bekommen habe. Also brauche ich, wenn ich meine Schulbücher vom Taschengeld bezahlen soll, mehr Geld. Sonst kann ich mir überhaupt nichts leisten. Nicht einmal ein Eis!
B: Der Preis der Schuhe ist nicht zu hoch, denn sie halten bestimmt lange. Wenn wir bei der Klassenfahrt im Gebirge wandern wollen, brauche ich unbedingt festes Schuhwerk, sonst habe ich keinen sicheren Tritt. Denk doch an die Mahnung des Alpenvereins: „Achtet auf richtiges Schuhwerk! Vermeidet Unfälle!"
C: 21 Uhr ist zu früh, denn da geht es doch erst richtig los. Keine meiner Freundinnen muss so bald zu Hause sein, und außerdem fällt morgen die erste Stunde aus. Da kann ich länger schlafen.
D: Die Musik ist nicht zu laut, denn ich habe extra auf Zimmerlautstärke geachtet und die Tür und das Fenster geschlossen. Wenn du dich immer noch beim Lesen gestört fühlst, dann stopfe dir Watte in die Ohren. Sei nicht so empfindlich! Nicht einmal Vater hat sich wie üblich über die Lautstärke beschwert.

(27) **Entgegnungsformeln: Satzanfänge für Erwiderungen**

Aufgabe 5 a) und b) ist abhängig von den Funden der Schüler. (Z. B.: Das finde ich nicht richtig ... Das sehe ich nicht so ... Du irrst dich ... Darin kann ich dir nicht zustimmen ... Du hast übersehen ... Hier muss ich dir widersprechen ... Du hast missachtet, nicht daran gedacht ... usw.)

Aufgabe 6:
A wertet deutlich ab. Es besteht die Gefahr, dass der Gesprächspartner verärgert reagiert. (Vgl.: „Wie man in den Wald hineinruft, so schallt es heraus.")
B zeigt Verständnis und bringt behutsam den eigenen Standpunkt vor.

(28) Zu **Aufgabe 7** sind keine Hinweise nötig.

(28–30) ## 2.4 Ein Streitgespräch schreiben: Aufbau

(29) **Einleitung und Schluss eines Streitgesprächs schreiben**

Aufgabe 1 zu Text 5 (29) und zur Information (28):
– Melanie bietet eine lange Vorgeschichte.
– Johannes fängt sofort mit dem Streitgespräch an und verzichtet auf eine Einleitung.
– Serkan bereitet den Leser auf das kommende Streitgespräch mit der Schwester und den Gesprächsgegenstand vor.
Die Einleitung soll möglichst kurz sein. Serkan schreibt eine kurze Einleitung.
Melanies Einleitung ist zu lang. Johannes' Arbeit fehlt die Einleitung.
Wichtige Informationen: Es soll ein Paar Schuhe gekauft werden; es bestehen verschiedene Auffassungen über den Preis. Ein Jugendlicher geht aus; es bestehen verschiedene Auffassungen darüber, in welchem Ausmaß der Hobbyraum zu einem bestimmten Zeitpunkt aufgeräumt sein kann.
Zur Funktion der Einleitung vgl. Punkt 1 der Information (28).

Aufgabe 2 zum Schluss: Vgl. Punkt 3 der Information (28).

(30) **Aufgabe 3** zu Text 6 (30):
– Melanie hat sich durchgesetzt.
– Der Konflikt schwelt weiter. Johannes muss nachgeben, ist aber vom Standpunkt des Vaters nicht überzeugt und schmollt.
– Serkan: Bruder und Schwester verständigen sich und finden einen Kompromiss.

Aufgabe 4 a) und b) ist abhängig von den Besprechungen und den Einfällen der Schüler.

Aufgabe 5 ist abhängig von der Wahl der Schüler.

(30 f.) ## 2.5 Training: Streitgespräche spielen – Streitgespräche schreiben

(31) **Aufgabe 1 a) und b)** ist abhängig von den Streitthemen, die die Schüler vorschlagen und formulieren.

Aufgabe 2 a), b), c) ist abhängig von den gewählten Beispielen und den Rollenspielen der Schüler.

(32–52) Beschreiben und Berichten

Zielsetzung des Kapitels

Nachdem die Schreibart und die Stilmittel des sachlichen, adressatenbezogenen und zweckgerichteten Informierens in der 6. Jahrgangsstufe eingeführt wurden und dabei das genaue Beobachten geübt wurde, wird dieser Lehrgang in der 7. Jahrgangsstufe erweitert und abgeschlossen. Nach einer einführenden Gegenüberstellung von Berichten und Beschreiben werden Merkmale und Arbeitstechniken der Vorgangs-, Gegenstands- und Personenbeschreibung erläutert und geübt. Im Kapitel „Berichten" soll die Fähigkeit geschult werden, knapp und genau über einen vergangenen Sachverhalt zu informieren.

Literaturhinweis:

„Berichten und Beschreiben auf der Unterstufe", in: Handreichungen „Schriftlicher Sprachgebrauch" im Deutschunterricht am Gymnasium, ISB München, (Auer Verlag Donauwörth) 1992, S. 77–104.

Hinweise zu den Aufgaben

(32–47) 1. Beschreiben: Vorgänge, Gegenstände, Bilder

(32 f.) 1.1 Vorgänge beschreiben – Über Vorgänge berichten: ein und dasselbe?

(33) **Aufgabe 1** zu Text 1 (32):
a) Text 1 A ist ein Bericht über ein vergangenes Ereignis und steht deshalb im Präteritum. Text 1 B ist die Beschreibung eines wiederholbaren Vorgangs (Handlungsanweisungen im Infinitiv).

b)
Berichte	Beschreibungen
– Überschwemmung in Großhabersdorf	– Bedienungsanleitung eines Mikrowellengeräts
– Tankwagen stürzte in die Tiefe	
– Endlich Sieg von Bayern München	– Wie bereite ich mich auf eine Englischschulaufgabe vor?
– Entlaufen	
– Brand im Tunnel	– Mensch ärgere dich nicht
– Ausstellung in Schliersee	– Die Nürnberger Burg

c) ist abhängig von den Ergänzungen der Schüler.

Aufgabe 2 zu Text 2 (33) a) und b):
Text 2 A: Wie ich Gläser spüle (Anweisung zum Spülen von Gläsern)
Zuerst lasse ich heißes Wasser in das Becken, dann gebe ich ...
... in kaltes, klares Wasser. Danach stelle ich die Gläser mit der Öffnung nach unten auf ein sauberes, trockenes Handtuch, das auf dem Küchentisch ausgebreitet ist. Wenn das Wasser abgetropft ist, trockne ich die Gläser mit einem Abtrockenhandtuch (Küchentuch, Geschirrtuch, Gläsertuch) vorsichtig ab und stelle sie in den Küchenschrank.
Text 2 B: Ein Unfall beim Gläserspülen (Wie ich mich beim Gläserspülen verletzt habe)
Als ich (Ort, Zeit) Gläser abspülen musste, ließ ich zuerst heißes Wasser in das Becken. Danach gab ich ...
... ein Splitter fuhr in meinen Handballen und blieb dort stecken. Als ich ihn herauszog, begann die Wunde heftig zu bluten. Meine Mutter desinfizierte die Wunde mit Jodersatz und legte einen Pressverband an um die Blutung zu stillen. Nach einiger Zeit konnte der blutige Verband abgenommen und die Umgebung der Wunde gesäubert werden. Auf die Wunde selbst klebte meine Mutter ein großes Pflaster.
Die Wunde heilte gut, sodass keine Narbe zurückblieb.

(34–38) **1.2 Vorgänge beschreiben**

(34f.) **Aufgabe 1** zu Text 3 (34)
a) **und b):** Z. 1–6, Z. 12–17: Kristin beschreibt die Teile des Zeltes genau. (aber Z. 4: Ort der Firma ist überflüssig.) Z. 7–9: überflüssige Erläuterungen, die vom Wesentlichen ablenken, Z. 10f.: Erlebnis
Z. 18–21: knapper, Z. 19–21: überflüssige Informationen
Z. 22–28, Z. 30–34: klare Beschreibung des Aufstellens
Z. 28–30: überflüssige Informationen (vgl. Z. 12–14), die persönlichen Äußerungen sind unpassend.
Z. 34 f.: flüchtiger Schlussabschnitt
c) Die Verankerung der Zeltleinen im Boden, das Spannen des Außenzeltes und den Aufbau des Eingangs hätte Kristin genauer beschreiben müssen.
d) Sinnvolle Verknüpfungen: Z. 15, 18, 22
Einfallslose und eintönige Verbindungen im letzten Abschnitt (Z. 25 ff.): dann (Z. 25, 27, 30, 31), jetzt (Z. 28, 34, 35)
Vorschläge zur Verbesserung: z.B.: zuerst, danach, darauf, hierauf, schließlich, zuletzt, wenn ... usw.
e) Fachausdrücke:
– (doppelwandiges) Iglu-Zelt (Z. 3)
– Innenzelt (Z. 12, 22, 26, 31)
– Außenhaut (Z. 14), Außenzelt (Z. 30)
– Boden, Zeltboden (Z. 13, 22)
– Zeltstäbe (Glasfaserstäbe, Zeltstangen) (Z. 15, 25, 27, 32)
– Heringe, große und kleine (Z. 16, 23)
– Schlaufen (an den Ecken, an der Außenwand) (Z. 24, 27)
– Bänder (Z. 27 f., 32)
– Zeltleinen (Z. 33)
Die Form des Iglu-Zeltes und der Fachbegriff „Heringe" hätten vielleicht genauer erläutert werden können.

(35) **Aufgabe 2** ist eine Übungsmöglichkeit für die Schüler.

Aufgabe 3 ist abhängig von den Erfahrungen der Schüler.

Aufgabe 4 a) und b) ist abhängig von den Ergänzungen und der Wahl der Schüler.

(36) **Aufgabe 5** zu Text 4 (35):
a) A: Playtaste, eingeben
B: Diskette, laden
C: speichern
D: Schnellvorlauftaste, Kassettenfach
b) **und c)** ist abhängig von den Fachkenntnissen und den Erfahrungen der Schüler.

Aufgabe 6 ist abhängig von der ausgewählten Situation.
Die Schüler können sich zu Hause auch die Bedienungsanleitungen zu Geräten holen, die in der Familie verfügbar sind, sie für ihre Beschreibungen nutzen und evtl. vergleichen.

(37) **Aufgabe 7:** Vgl. Hinweise zu Aufgabe 6.

(37) **Training: Vorgangsbeschreibungen**

Aufgabe 8
Aufgabe 9 } sind abhängig von den Beobachtungen und Erfahrungen der Schüler.
Aufgabe 10

Bewegungsablauf der Turnübung (Vorschlag):
1. Abrollen nach hinten zum Sitz und zur Rückenlage.
2. Dabei die Handflächen neben dem Kopf auf den Boden setzen (entgegen der Bewegungsrichtung).
3. Den Schwung der Rückwärtsbewegung über die Schultern zum Hochstemmen und senkrechten Hochschnellen ausnutzen.
4. Dabei Arme und Beine bis zum Handstand strecken.
(Streckbewegung möglichst in einem Zuge)
5. Vom Handstand abknicken zum aufrechten Stand.

(38–43) **1.3 Gegenstände beschreiben**

(39) **Aufgabe 1** zu Text 5 (38 f.):
- **a)** Neues Thema: Gegenstandsbeschreibung
  - Schwierigkeiten: Wo und wie sollen die Schüler mit der Beschreibung beginnen?
  - Problem der Reihenfolge: Ein Vorgang beginnt und endet, aber wo fängt ein Gegenstand an, wo hört er auf?
  - Beginn mit einfachem Gegenstand im Klassenraum
  - Vorgehen bei der Beschreibung: Vom Ganzen zur räumlichen Anordnung der Teile, also von oben nach unten oder von vorne nach hinten
- **b)** ist abhängig von den Schwierigkeiten der Schüler. Der entscheidende Unterschied besteht darin, dass nicht eine zeitliche, sondern eine räumliche Reihenfolge beachtet werden muss.
  Gemeinsamkeit: informierender Sachstil im Präsens

Aufgabe 2 zu Text 6 (39):
- **a)**
  - Die Beschreibung ist ungeordnet und sprunghaft (Z. 6, 7, 8). In Z. 8 und 10 wurde der Stil missachtet (persönliche Vermutung, spöttische Bemerkung).
  - Genauer müssten der Standort, die Größe, die Form und das Material der Tafel beschrieben werden. Es fehlen auch Hinweise darauf, wie die Schreibflächen gestaltet sind.
  - Was ist mit dem „Teil zum Tafelwischen" gemeint? (Schwamm, Lappen u. Ä.?)
  - Die Beschreibung „noch eine lange Leiste ganz quer ..." ist ungeschickt.
  - Die sprachliche Gestaltung zeigt zahlreiche Wiederholungen, z. B. die Satzanfänge in Z. 6 und 8, „ist" (Z. 6, 7, 8, 10), „befindet sich" (Z. 8).
- **b)** Herr Berger sammelt die Fachbegriffe, die zur Beschreibung der Tafel gebraucht werden.

(40) **Aufgabe 3 a) und b)** ist abhängig von der Wahl der Schüler bzw. von den Gegenständen im Klassenraum.

(41) **Aufgabe 4** zu Text 7 (40):
(41)
- **a)** Die meisten Angaben sind eigentlich ungeeignet, denn auch der Rahmen kann umgespritzt und viele Teile können ausgetauscht und verändert werden.
  Nützlich sind Hinweise auf den Rahmen und das Material der Bleche, Räder usw.
- **b)** Verbesserungsvorschläge:
  - vorderes und hinteres Schutzblech, Speichen und Felgen der Räder
  - schwarze Handgriffe
  - Scheinwerfer (Fahrradlampe) und elektrisches Rücklicht sind wichtiger als Front- und Rückstrahler (ugs. Katzenaugen).
  - Trommelbremse ist falsch. Bremsen: Felgenbremsen (vorne und hinten, vorne allerdings vielleicht Scheibenbremse), Rücktrittbremse
  - Werkzeugtasche statt Satteltasche
  - das hintere Schutzblech (Kotschützer)
- **c)** Fachbegriffe zum Fahrrad, vgl. Duden 3 (Bilderwörterbuch), S. 324 ff. (180):
  - Art des Fahrrades: Herren-, Damen-, Jugend-, Rennrad u. a.
  - Lenker, Lenkstange, Tourenlenker, Rennlenker
  - Zum Rahmen: oberes und unteres Rahmenrohr, Sattelstützrohr; Vorderrad-, Hinterradgabel
  - Zum Antrieb: Kettenantrieb, vorderes und hinteres Kettenzahnrad, Fahrradkette, Kettenschutzblech
  - Pedale (Leucht-, Rückstrahlpedal u. Ä.)
  - Räder (Nabe, Größe und Art der Reifen, Ventile)
  - Bremsen: Bremsklötze, Bremsbacken, Bremszüge (-seile), Freilaufnabe mit Rücktrittbremse
  - Zur Beleuchtung: Scheinwerfer (Fahrradlampe), elektrisches Rücklicht, Dynamo (Lichtmaschine) mit Laufrädchen
  - Art des Fahrradsattels
  - Fahrradglocke, (-klingel, -hupe)
  - Fahrradständer
  - Luftpumpe

(41) **Aufgabe 5:**
- **a)** Vgl. 4 c.
- **b)** ist abhängig von der Wahl der Schüler.

(41 f.) **Aufgabe 6:**
1: Information
2: genau
3 und 4: Adressat und Zweck
5: Empfindungen
6: als Ganzes
7: Einzelheiten
8: nach ihrer räumlichen Anordnung
9: Präsens

(42) **Aufgabe 7** zu Text 8 (42):
Stephan bemüht sich genau zu informieren, er hätte aber noch überlegter auf Zweck und Adressaten Rücksicht nehmen sollen, denn er verwendet viele Fachbegriffe, die für einen Laien schwer verständlich sind. In Z. 10 f. gibt er Empfindungen wieder.
Stephan beginnt mit Informationen über den Gegenstand als Ganzes, dann folgen Einzelheiten. Eine räumliche Anordnung ist erkennbar, die Angaben sind allerdings unklar. Das Tempus hat er richtig gewählt.
Zum Aufbau:
– Art des Fotoapparates (Was ist eine Sucherkamera?)
– Farbe des Gehäuses, Länge, Breite, Höhe und Gewicht
– Vollautomatische Funktionsweise
– Oberer Teil der Frontseite/Blitzlicht
– Auf der anderen Seite (obere Seite?, unklar): (Schiebeschalter/Selbstauslöser)
– In der Mitte (der oberen Seite?, unklar)
– Kameradeckel (??)
– Blitzlicht (Wiederholung)
– Äußerungen über Qualität und Eignung
Zur Sprache:
Wiederholungen: automatisch (Z. 4, 6, 9), Häufung von „ist", „sind" (Z. 1, 2, 4, 8, 11, 12, 13, 18, 19, 21)

(43) **Aufgabe 8:**
a) Er muss sich mit Kameras auskennen und schon Erfahrung mit dem Fotografieren haben.
b) Es wäre wohl besser, da die Hinweise zur räumlichen Anordnung unklar sind.

Aufgabe 9 ist abhängig von der Wahl der Schüler.

(43–48) ## 1.4 Personen beschreiben

(43) **Aufgabe 1** ist abhängig von den Erfahrungen der Schüler. Personenbeschreibungen kommen immer wieder vor, wenn man sich über Menschen unterhält, denen man begegnet ist oder die man gesehen hat (Schule, Freizeit, Sport, Film, Fernsehen usw.).

(44) **Aufgabe 2** zu Text 9 (43 f.):
a) Ort: Königsbrunn
Zeit: seit vorgestern 17 Uhr
Vermisste Person: Georg Heeger, Alter: 78 Jahre
Adresse/Wohnung: Haus in der Kemptener Straße
Beschreibung des Vermissten: Größe, Körperbau (Statur), Haare, Brille, Kleidung
Besondere Umstände: Notwendigkeit ärztlicher Hilfe
Zuständige Polizeidienststelle(n)
b) Bei einer Vermisstenmeldung mit Bild sind die Angaben vom Alter und der Qualität des Bildes abhängig. Angaben zur Größe und zur Kleidung sind notwendig. Bei einer Beschreibung, die an einen Freund oder eine Freundin gerichtet ist, verändert sich der Ton der Beschreibung. Man wird auch noch mehr auf Details und Verhaltensweisen eingehen und den persönlichen Eindruck einbeziehen.

(44) **Aufgabe 3**:
a) Beschreibung Christians:
Geschlecht: männlich
Alter: ca. 10 Jahre
Größe: ca. 1,30 m
Äußere Erscheinung: schlank, aber kräftig
Kleidung: dunkelblaue Jacke mit gelben Ärmeln und gelber Schulterpartie, an den Oberarmen sind die Jackenärmel erst blau, dann grün, die Unterarme gelb; grüne Randstreifen (Säume) an den Taschen der Jacke; Bluejeans; Turnschuhe mit Klett-Verschluss, dunkelblau, Marke: Adidas
Gesicht: ovale Form; blonde, leicht gewellte Haare, hochgekämmt, an den Seiten glatt, Ohren sind frei; dunkle Augen, hohe Stirn usw.

(45) b) ist abhängig von der Wahl der Schüler.
Beispiel 1 (Vermisstenmeldung im Hörfunk):
Herzogsberg. Vermisst wird seit gestern Abend der zehn Jahre alte Stephan Alt. Der Schüler des Kepler-Gymnasiums Herzogsberg verließ um 18.30 Uhr das Vereinshaus des TSV Herzogsberg um nach Hause in die Kärntner Straße 14 zu gehen. Dort ist er aber nicht angekommen.
Stephan ist ca. 1,30 m groß, schlank, aber kräftig, hat blondes, leicht gewelltes Haar, das er hochgekämmt, an den Seiten aber kurz trägt, sodass die Ohren zu sehen sind. Zuletzt war er mit einer dunkelblauen Jacke bekleidet, die durch die blau-grün-gelb abgesetzten Ärmel auffällt. Dazu trug er eine Bluejeans und dunkelblaue Turnschuhe der Marke Adidas mit Klett-Verschluss. Hinweise nimmt die Polizei in Herzogsberg oder jede andere Polizeidienststelle entgegen.
Beispiel 2 (Fernsehmeldung):
Und nun bittet die Polizei um Ihre Hilfe.
Vermisst wird seit gestern Abend 18.30 Uhr der zehnjährige Gymnasiast Stephan Alt aus Herzogsberg. Der Schüler des Kepler-Gymnasiums verließ (gestern Abend) das Vereinshaus des TSV Herzogsberg um nach Hause in die Kärntner Straße 14 zu gehen. Dort ist er aber nicht angekommen. Wer hat den Jungen gesehen oder kann Hinweise auf seinen Verbleib geben? (Einblendung eines Bildes)
Stephan trug gestern eine dunkelblaue Jacke, die durch ihre blau-grün-gelb abgesetzten Ärmel auffällt, eine Bluejeans und dunkelblaue Turnschuhe der Marke Adidas mit Klett-Verschluss.
Hinweise nimmt die Polizei in Herzogsberg (Einblendung der Telefonnummern) oder jede andere Polizeidienststelle entgegen.

(46) **Aufgabe 4 a) und b)** ist abhängig von der Wahl der Schüler.

Aufgabe 5 zu Text 10 (46) ist abhängig von der Wahl der Schüler.

(46) **Aufgabe 6**:
a) Aufbau der Beschreibung:
– äußere Erscheinung/Gestalt
– Haltung
– Gesicht: Form, Augenausdruck
– Kopf, Haartracht (Schmuck)
– Kleidung
– Gegenstände (am Gürtel, um den Hals)
– Silberbüchse
Das Vorgehen des Erzählers entspricht im Wesentlichen der Information (45).

(47) b) und c)
Objektive Merkmale:
– Haartracht mit Adlerfeder
– Anzug, Gegenstände (am Gürtel, um den Hals), Silberbüchse
Subjektiv wahrgenommene Merkmale:
– „edle Haltung" (Z. 2) (zugleich wertend)
– Schlussfolgerungen über die körperliche Gewandtheit (Z. 3)
– Eindruck des Gesichtes (Z. 3–5; Vergleich)
– Ausdruck des Auges (Z. 5–7; Eindruck des Erzählers)
– Qualität der Kleidung (Wertung in Z. 11)
– Z. 12 f.: Kommentar des Erzählers
– Z. 16 f: Vorausdeutung des Erzählers

Aufgabe 7:
a) Der Erzähler beschreibt (in verklärender Erinnerung) die erste Begegnung mit dem Häuptling der Apachen und den Eindruck, den der Vater seines geliebten Freundes Winnetou bei ihm hinterlassen hat.
b) ist abhängig von den Versuchen der Schüler. Die Gesichtszüge sind schwer zu zeichnen, da Detailinformationen im Text fehlen. Die Adjektive im Text (Z. 2, 3–5) sind wenig hilfreich.
c) Die Beschreibung in Text 10 gibt persönliche Eindrücke, Gefühle und Stimmungen wieder.
Die Schüler sollten auf genaue Detailangaben achten. Vgl. Zweck einer Beschreibung: genaues, sachliches Informieren ohne Empfindungen und Vermutungen.

(48–52) 2. Berichten

(48) **Aufgabe 1** zu Text 1 (48):
a) Die Informationen sind unzusammenhängend, ungenau und unklar. Es wird nicht deutlich, was für ein Schaden eigentlich entstanden ist.
b) ergibt sich aus dem von der Klasse gespielten Telefongespräch. Es sollte auf der Grundlage der W-Fragen besprochen werden. (Wer? Wann? Wo? Was? Wie? Welche Folgen?)

(49) **Aufgabe 2** zu Text 2 (48 f.):
a) Die äußere Form eines sachlichen Briefs hätte beachtet werden können. (Vgl. B 6, S. 172 ff.)
Es fehlen Absender, Anrede und Grußformel. Aber es gibt auch die Auffassung, dass diese Teile bei der Textart Bericht fehlen können (unpersönliches Schreiben statt eines persönlich gehaltenen Geschäftsbriefes).
Hinweise auf Mängel:
– Die Betreff-Zeile ist unklar formuliert.
   Verbesserungsvorschlag: Sachschaden im Waschraum 2 der Sporthalle
– Die Zeitangabe ist unklar. Sie müsste zu „Gestern, den (Datum) um 16.30 Uhr" geändert werden.
– Z. 11–15 sind im Erzählstil geschrieben. („auf einmal", „sofort", „..., und da ...")
– Z. 15–19: sehr umständlicher Satzbau – Die Aussagen sollten besser in indirekter Rede mit Angabe des Sprechers eingefügt werden.
– Z. 21, 24: Der Bericht sollte im Präteritum stehen.
– Z. 25: überflüssige Meinungsäußerung, entspricht aber der Absicht des Trainers, die Jungen abzusichern (s. unten d))
– Z. 26: Geht es um den beschädigten Wasserhahn oder um Wasserschaden?
b) Der erste Absatz hat die Aufgabe, dem Leser die wichtigsten Informationen zu geben, vor allem auf die Fragen „Wer? Was? Wann? Wo?"
c) In den folgenden Absätzen werden die W-Fragen: Was? Wie? Welche Folgen? ausführlicher und genauer beantwortet.
d) Der Jugendtrainer will über den entsprechenden Schaden informieren und erklären, dass der Verein dafür aufkommt (Schadenersatzpflicht). Zudem will er die beiden Jungen absichern: Der Schulträger soll nicht von ihnen Ersatz fordern. Den Adressaten (die Schulleitung) interessiert, welcher Schaden entstanden ist und wer dafür haftet.

(50) **Aufgabe 3** ergibt sich aus den Ergebnissen der Aufgabe 2.

Aufgabe 4:
a) Haftpflicht = Pflicht, für die Folgen eines bestimmten Ereignisses einzustehen (d. h. z. B. Schadenersatz zu leisten). Um diese Pflicht erfüllen zu können, schließt man eine Haftpflichtversicherung ab, die gegen einen bestimmten monatlichen Beitrag die Schadenersatzforderungen bis zu einer festgelegten Schadenshöhe erfüllt.
b) Wichtig sind die Informationen zu den W-Fragen.
Überflüssig sind die Erläuterungen in Z. 11–15 und Z. 21–25.
c) ist abhängig von den Berichten der Schüler.

Aufgabe 5:
a) und b) ergeben sich aus den Vorstellungen und Vorschlägen der Schüler.
Zu b) könnte man die Schüler Schlagzeilen formulieren lassen.

(51) **Aufgabe 6** zu Text 3 (51):
Mögliche Fragen des Reporters
a) an den Schulleiter:
– Wann haben Sie von dem Schaden erfahren?
– Waren Sie selbst in der Sporthalle? Haben Sie sich vom Ausmaß des Schadens überzeugt?
– Wann wird die Sporthalle wieder genutzt werden können?
b) an den Hausmeister:
– Warum war der Trainingsleiter nicht über die Lage der Haupthähne informiert? oder
– Warum hat der Trainingsleiter den Haupthahn so spät abgestellt?
c) an den Jugendtrainingsleiter:
– Was haben Sie getan um größere Schäden zu verhindern?
– Glauben Sie Ihr Möglichstes getan zu haben, um größeren Schaden zu verhindern?
– Warum haben Sie den Haupthahn so spät abgedreht?
d) an die Jugendlichen (die Schüler?):
– Gebt ihr zu, dass euer Verhalten unüberlegt war?
– Seid ihr für den Schaden verantwortlich?
Das Weitere ergibt sich aus dem Rollenspiel der Schüler.

(51) **Aufgabe 7:**
a) Schwerpunkte in seinem Bericht:
– Rascher, effektiver Einsatz der Feuerwehr verhindert Überschwemmung in der Sporthalle.
– Liegt eine Mitschuld des Hausmeisters oder der Schulleitung vor? Wurden die Mitbenutzer der Sporthalle unzureichend informiert?
– Ist die Ursache nicht auch in der veralteten Ausstattung der Turnhalle zu suchen? Liegt hier eine Nachlässigkeit oder ein Versäumnis des Sachaufwandsträgers vor?
b) Der Reporter verwendet in der Regel den Konjunktiv I, in Z. 18 und 20 verwendet er Konjunktiv II als Ersatzform für Konjunktiv I. In Z. 9 übernimmt er die Konjunktivform aus der wörtlichen Rede.
Es muss berücksichtigt werden, dass der Reporter mündliche Äußerungen für die schriftliche Wiedergabe umformt und verändert. Er muss das Wesentliche zusammenfassen und auf den Sachstil seines Berichtes achten. (Vgl. besonders Z. 16 ff.)
Die Aussagen im Indikativ:
Der Schulleiter äußerte: „Ich habe erst am späten Abend von dem Schadensfall erfahren." (Frage)
„Sofort habe ich mir ein eigenes Bild vom Ausmaß des Schadens gemacht." (Frage)
„Ich bin überzeugt, dass dank des Einsatzes der örtlichen Feuerwehr beim Abpumpen der Wassermassen die Sporthalle schon übermorgen wieder voll nutzbar ist."
Der Hausmeister äußerte: „Ich finde es unverständlich, dass der Trainingsleiter nicht über die Lage der Haupthähne ... informiert gewesen ist. Der Schaden hätte sonst weitaus geringer ausfallen können."
Der Trainingsleiter meinte: „Ich habe alles getan um den Schaden gering zu halten. Ich habe zwar gewusst, wo sich der Haupthahn befindet, aber ich habe nicht gewusst, dass der Schlüssel für diesen Raum sich immer im Verbandsschrank befindet. Durch meine schnelle Benachrichtigung der örtlichen Feuerwehr habe ich meinen Teil zur Begrenzung des Schadens beigetragen."
Der Schüler entschuldigte sich: „Wir haben uns unüberlegt verhalten, aber ich vermute, dass die Hähne in den Waschräumen viel zu alt sind, sonst hätte der Wasserhahn die kleine Rangelei ausgehalten. Solche Streitigkeiten zwischen den Jungen der Mannschaft kommen doch immer wieder vor."

(52) **Aufgabe 8:**
Vorschlag:
Turnhalle unter Wasser! Feuerwehr im Großeinsatz!
Schwabach – Gestern um 16.30 Uhr wurde die örtliche Feuerwehr vom Trainingsleiter des SSC alarmiert, um die Wassermassen aus der Sporthalle des Goethe-Gymnasiums abzupumpen. Jugendliche, die nach dem Handballtraining des SSC den Waschraum 2 benutzten, hatten bei einer Rangelei einen Wasserhahn abgebrochen. Da es dem Trainingsleiter erst nach mühsamer Suche gelang, den Haupthahn abzustellen, wurde der ganze Raum überflutet. Die befragten Jungen gestanden ihr unüberlegtes Verhalten ein, wiesen aber auf das Alter der Installation in den Waschräumen hin. Der Wasserhahn hätte eigentlich die kleine Rangelei aushalten müssen.
Der Leiter des Goethe-Gymnasiums machte sich sofort ein Bild von dem Ausmaß des Schadens. Er erklärte, er sei überzeugt, dass dank des raschen und wirkungsvollen Einsatzes der Schwabacher Feuerwehr die Sporthalle übermorgen wieder benutzt werden kann.

(53–89) # Literarische Texte lesen und verstehen

(53–65) ## 1. Epen aus Antike und Mittelalter

Zielsetzung des Kapitels

In der 6. Jahrgangsstufe (vgl. Band 6, S. 56–64) standen die Besonderheiten von Götter- und Heldensagen im Mittelpunkt. Dabei wurde auf kulturgeschichtliche Entstehungsbedingungen und die Eigenart mythischer Welterfahrung eingegangen. In der 7. Jahrgangsstufe steht die Beschäftigung mit dem Menschen- und Weltbild in Epen der Antike (Homer) und des Mittelalters (Artusepik) an. Viele Kinder haben Mythen und epische Dichtungen nicht mehr durch das Lesen von Sagensammlungen, sondern durch filmische Adaptionen kennen gelernt. Die Stoffe sind dabei oft in belustigender, auf effektvolle Unterhaltung angelegter Weise vermittelt worden. Es ist deshalb für den Lehrer oder die Lehrerin nicht einfach, den Zugang zu einer ernsthaften, anspruchsvollen Auseinandersetzung zu finden. Eine Anknüpfung an Bekanntes, d.h. an Seherlebnisse und Erfahrungen der Schüler kann hier auf unwillkommene Abwege führen. Vor allem aber sind die Vorstellungen und Wertbegriffe der kriegerischen und ritterlichen Welt der Ilias und der Artusepik Kindern unserer Zeit recht fremd. Es ist deshalb wohl günstig, an die Geschichtskenntnisse aus der 6. Jahrgangsstufe und an archäologische Forschungen anzuknüpfen (vgl. Archäologenspiel im Zusammenhang mit der Beschreibung, Berichte über Entdeckungen der Archäologen in Lesebüchern u.a.), auf das Fremde, das erschlossen werden soll, neugierig zu machen und dabei auf die Sagen der 5. und 6. Jahrgangsstufe zurückzublicken. Wirkungsvoll kann auch ein Einstieg über Werke der bildenden Kunst sein (vgl. die Vasenbilder in den Anregungen!). Bei der Besprechung der Artusepik kann mit dem Geschichtslehrer oder der Geschichtslehrerin zusammengearbeitet werden.

Literaturhinweise:

Zu Homer, Ilias
Aus der Fülle der Literatur zu Homers Epen werden nur einige leicht zugängliche Textausgaben und Nachschlagewerke genannt, die in den meisten Schulbüchereien vorhanden sein müssten.
Übersetzungen und Nacherzählungen
Homer, Ilias. Neue Übertragung von Wolfgang Schadewaldt. Mit antiken Vasenbildern. Insel TB 153, Frankfurt/M. 1975
Homer, Die Odyssee, übersetzt in Deutsche Prosa von Wolfgang Schadewaldt, Reinbek (Rowohlt) 1958 u.ö. (rororo Klassiker 29)
Auguste Lechner, Ilias. Als Troja unterging, Arena Verlag (1369) Würzburg
Auguste Lechner, Die Abenteuer des Odysseus, Arena Verlag (1370) Würzburg
Zu Homer
Legende von Homer, dem fahrenden Sänger, übertragen und erläutert von Wolfgang Schadewaldt
Lebendige Antike, Artemis Verlag Zürich und Stuttgart 1959
Nachschlagewerke
Henses griechisch-römische Altertumskunde. Ein Hilfsbuch für Schüler und Studierende, Aschendorff Verlag Münster/Westfalen 1959, S. 12–23: Das Epos
Hunger, H.: Lexikon der griechischen und römischen Mythologie, Reinbek [6]1969 (rororo Handbuch 6178)
Jens, H.: Mythologisches Lexikon. München (Goldmann TB) (für Schüler geeignet)
Krefeld, H.: Hellenika. Frankfurt/M. (Hirschgraben Vlg.) 1964
Ranke-Graves, R. v.: Griechische Mythologie 1, Quellen und Deutung. Reinbek (rde 113/114) 1960
Bezüge zur bildenden Kunst
Schefold, K.: Frühgriechische Sagenbilder, München 1964
Schefold, K.: Das homerische Epos in der antiken Kunst, in Wort und Bild, Studien zur Gegenwart der Antike, Basel 1975, S. 27–42

Literatur zur Artusepik
Sir Thomas Malory, Die Geschichten von König Artus und den Rittern seiner Tafelrunde, übertragen von Helmut Findeisen auf der Grundlage der Lachmannschen Übersetzung, Insel TB (it 239), 3 Bände:

Mit einem Nachwort von Walter Martin (Band 3, S. 1014–1057) und Illustrationen von Aubrey Beardsley (der als hervorragender Zeichner und Illustrator nachhaltig die Meister des Jugendstils beeinflusste)
Artus Sagen, neu erzählt von Ulla Leipe, Fackelverlag Stuttgart o. J. (gut geeignet für Textzusammenfassungen/Schulaufgaben)
Rosemary Sutcliff, Merlin und Artus ⎫
Rosemary Sutcliff, Galahad (Suche nach dem Gral) ⎬ Verlag Freies Geistesleben,
Rosemary Sutcliff, Lancelot und Ginevra ⎭ Stuttgart 1982 ff.
(Die Autorin, die 1975 für ihre Verdienste um die Kinder- und Jugendliteratur den Orden des Britischen Empire erhielt, stützt sich vor allem auf die Dichtung des Thomas Malory.)
Auguste Lechner, Parzival (Arena TB 1353)
Auguste Lechner, Iwein ⎫
Auguste Lechner, König Artus ⎬ Tyrila-Jugendbücher

Hinweise zu den Aufgaben

(53–61) **1.1 Aus den Epen Homers: Die Ilias**

(53) **Aufgabe 1** dient zur Wiederholung des bisher Gelernten (vgl. Band 6: Von Göttern und Helden: Prometheussage; Germanische Sagen: Dietrich und Laurin) und zur möglichst motivierenden Überleitung zum Neuen.

a) Damit eine sichere Grundlage für ein Unterrichtsgespräch entsteht, könnte zuvor der 1. Teil des Informationskastens (53) (vor)gelesen werden. Im Gegensatz dazu könnte man aber auch die Stichworte als Assoziationsanreize frei wirken lassen, damit die Schülerinnen und Schüler ihr Vorwissen ausbreiten. Die Sachinformation könnte später in diese Äußerungen einbezogen werden. Ein Rückblick auf den Geschichtsstoff der 6. Jahrgangsstufe (Stichworte: Kreta – Mykene – Hellas – Rom) kann Kenntnisse auffrischen und an Wesentliches (Sagen und ihr geschichtlicher Hintergrund) erinnern.

b) Der Lehrer/die Lehrerin könnte durch Vorlesen des Odysseeanfangs (1,1–10) den Schülern Impulse zum Erzählen geben.
Themen: – Der vielgewandte Held
– Abenteuer zu Wasser und zu Lande
– Odysseus und die Frauen (Kalypso – Kirke – Nausikaa)
– In der Unterwelt
– Heimkehr und Bestrafung der Freier
– Odysseus und Penelope
– Odysseus und Athene
Danach könnte zur Ilias übergeleitet werden:
Folgende Themen sollten ausgespart bleiben, da sie in den Texten enthalten sind: Raub der Helena, Rolle des Paris, Streit der Heerführer um Beutemädchen, Hektor und Achill, Priamos bei Achill)

(54) **Aufgabe 2:** Die Antworten ergeben sich (teilweise) aus dem Informationskasten.
– Zur mündlichen Weitergabe: vgl. den Vortrag des blinden Sängers Demodokos am Hof des Phaiakenkönigs (Od. 8, 261 ff.: Die ertappten Ehebrecher Ares und Aphrodite).
– Einprägsamkeit der rhythmisierten Sprache, vgl. auch die formelartigen Verse und die festen Versgruppen, die dem Hörer Orientierung geben und den Vortrag strukturieren.
– Leben, Leiden, Sterben der Menschen im Gegensatz zu den Streitigkeiten und Intrigen der heiteren, unsterblichen Götter
Handlungsraum: vom Himmel (Olymp) durch die Welt zur Hölle (Tartaros, Hades)
– Beispiele für Heldentum, für würdiges Leben und Sterben, aber auch Blick auf die eigene Geschichte und vor allem ein Werk mit beispielhafter Ausformung der eigenen Sprache.
„Man wird durch die homerischen Gedichte wie in einer Montgolfiere (Luftfähre, vgl. die Brüder Montgolfier) über alles Irdische hinausgehoben und befindet sich wahrhaft in dem Zwischenraum, in welchem die Götter hin- und herschweben. Wie ein Luftballon hebt uns die Poesie mit dem Ballast, der uns anhängt, in höhere Regionen und lässt die verwirrten Irrgänge der Erde in Vogelperspektive vor uns entwickelt daliegen."
(Brief Goethes an Schiller vom Mai 1798)
Der folgende Hinweis auf das Sprechkundekapitel (189) ist als Hausaufgabe nützlich.

(55) **Aufgabe 3** zu Text 1 (54 f.):
a) ergibt sich aus den Versuchen der Schüler.
b) „Zorn des Achilleus" als Thema der Ilias
Der Wille des Zeus steht über allem (V. 5 f.). Der Zorn ist verursacht durch den Willen

des Zeus, in einer Schicht darunter ist der Streit mit Agamemnon ursächlich, der an Achill die Forderung auf Hergabe einer Sklavin stellt.

Auswirkungen: „unendliche Leiden" – Tod „so vieler gewaltiger Helden" auf dem Schlachtfeld

Aufgabe 4:
a) Chryses, der Priester Apollos, ist der Vater des Mädchens, das sich Agamemnon als Kriegsbeute genommen hat. Apollo rächt sich für die Beleidigung seines Priesters. Wer den Priester beleidigt, verletzt den Gott und fordert ihn heraus (Frevel, Hybris, Verblendung des Menschen). Der Gott sendet also die Pest um den/die Frevler zu strafen.
b) Spielraum für Urteile der Schüler.
Frauenschicksale: Beutemädchen, Verkauf in die Sklaverei (vgl. Die Troerinnen des Euripides, Hekuba, Kassandra)
In diesem Zusammenhang könnten auch Unterschiede und Parallelen zum heutigen Frauen- und Männerbild sowie Veränderungen in der Rollenverteilung thematisiert werden.

(55) **Aufgabe 5:**
a) Stichworte: „Erster Gesang" – Taten von Helden und Eingreifen der Götter – Versform – Menschen- und Götterbild
Ergänzungen: Anrufung der „Göttin" (Muse): Sie soll durch den Mund des Dichters bzw. Sängers vom „Zorn des Achilleus" erzählen; der Dichter ist also Sprachrohr der Göttin.
b) ungewöhnliche Wortstellung im Satz, die oft durch die Versform bedingt ist.
Bei der Lösung der Aufgabe kann eine Bestimmung der Satzglieder helfen.

(56) **Aufgabe 6** zu Text 2 (56) ist abhängig von den Schülerbeiträgen.

Aufgabe 7:
(56 f.) a) Bei dieser Aufgabe sollte die Lage der Orte sprachlich korrekt (vgl. Kartenarbeit im Geografie- und Geschichtsunterricht) erarbeitet werden, z.B. „Sparta liegt am Fluss Eurotas im Süden der Peloponnes." Nicht mit „oben, unten, neben usw." beschreiben lassen!
b) Der Erzähler zeigt durch diese Angaben, dass aus ganz Griechenland Kämpfer nach Troja fahren. Er erhöht durch diese Erwähnung im „Schiffskatalog der Ilias" Bedeutung und Ruhm von Personen und Orten.

(57) **Aufgabe 8** ist abhängig von den Vorstellungen und Einfällen der Schüler.
Hier könnte Bildmaterial eingesetzt werden, z.B. Vasenbilder, Funde aus dem Nationalmuseum in Athen, Rekonstruktionen der Archäologen, Löwentor und Zyklopenmauern in Mykene bzw. Tiryns usw.

(57) **Aufgabe 9:** Vgl. Bildnisse von Göttinnen im Kampf (Fries vom Schatzhaus der Siphnier in Delphi).
Göttinnen (Hera, Athene, Artemis u.a.) nehmen aktiv an den Kämpfen gegen Titanen und Giganten teil. Athene wird als Athena Promachos in voller Rüstung dargestellt. Die Göttinnen können aber auch Helden ihrer Gunst unterstützen, z.B. ihre Körperkraft vergrößern, sie unsichtbar machen usw.

(59) **Aufgabe 10** zu Text 3 (58 f.):
a) Z. 39: Achill erkennt seine Ohnmacht gegenüber dem Göttervater: „da ich nicht anders kann".
b) Mitleid löst seine Erstarrung, er hat Achtung vor dem Leid des Vaters (vgl. Vasenbild „Priamos bei Achill"). Er erwacht aus dem Alptraum seiner Unmenschlichkeit (vgl. Text 3, Z. 9 f.).
c) Apollo: „wutentbrannt" (Z. 14); Vorwürfe an Hera und Athene (Z. 16 ff.);
Zorn des Zeus (Z. 27 f., Z. 35)
Über das Verhalten der Trojaner können die Schüler Folgendes mutmaßen: Angst vor dem rasenden Achill, vgl. Z. 7: „der unmenschliche Hass" – der übermäßige Schmerz, der in ihm tobt: „Es war, als treibe ihn ein böser Dämon."
Als Ergebnis könnte Folgendes festgehalten werden: Achill ist in seinem Schmerz und in seiner Rache maßlos. Durch diese Maßlosigkeit wird er schuldig und wird bestraft. Er verursacht seinen Untergang durch seine Verblendung (vgl. die Leitsprüche auf dem Tempel des Delphischen Apollon: „Erkenne dich selbst" – „Nichts im Übermaß").

Aufgabe 11:

Zeus

Auf der Seite der griechischen Belagerer: Auf der Seite der Trojaner:
Athena, Hera, Thetis Apollon, Artemis, Aphrodite

(Iris, Hermes)

Griechen: Agamemnon (Mykene), Menelaos (Sparta), Achilles (Thessalien), Patroklos, sein Freund; Odysseus (Ithaka), Diomedes (Argos), Ajax (Salamis)
Trojaner: Priamos (König), Hektor, der älteste Sohn, Paris, der Zweitgeborene

Aufgabe 12:

a) Untersucht werden könnten folgende Helden:
Odysseus (Klugheit, List, Betrug; Athenes Günstling)
Ajax (der gewaltigste Held nach Achill, der vom Wahnsinn geschlagen wird, als ihm die Waffen des Achill nicht zugesprochen werden; Rindermord)
Diomedes, der sich sogar mit dem Kriegsgott Ares anlegt; Nestor, der weise Ratgeber, Stentor, der Brüller usw.
Zur Beziehung zu den Göttern vgl. die Hinweise zu den Aufgaben 11 und 14 sowie zu Aufgabe 2 c (64).

b) ist abhängig von den Vorstellungen der Schüler. Die Beurteilung aus heutiger Sicht ist schwierig. Sie wird nicht affirmativ-zustimmend ausfallen. Unser Zeitalter verherrlicht nicht die – unbedingte – Anwendung von Gewalt. Es erlaubt Gewaltanwendung nur unter besonderen Bedingungen. Mitleid, Rücksichtnahme und Selbstbeherrschung sind hochrangige Werte.
(Vgl. die Fragwürdigkeit soldatischer Tugenden in Kriegen des 20. Jahrhunderts; Soldaten mehr fremdbestimmte Opfer als Helden, vgl. „Das Grabmal des unbekannten Soldaten", Wandel der Ehr- und Moralbegriffe.
Man muss auch berücksichtigen, dass die Adelswelt im Spiegel der Ilias teilweise eine dichterische Fiktion ist.)

Aufgabe 13:

a) Hera – Athena – Aphrodite (vgl. Urteil des Paris)
Iris, die Götterbotin; Thetis, die Mutter Achills

b) Ihre Eigenschaften sind mit denen sterblicher Frauen vergleichbar, ihre Macht und ihr Einfluss sind jedoch übermenschlich.

c) Die Schülerinnen und Schüler werden vor allem Differenzpunkte herausarbeiten. Vielleicht kann es gelingen, einzelne Momente des heutigen Frauenbildes zu benennen, die allgemein anerkannt werden. Es könnten weitere Episoden besprochen werden: vgl. die Rolle der Frau als Königin, Priesterin, Seherin; das Leid der Mütter und Ehefrauen (vgl. Hektor und Andromache, das Schicksal Kassandras, Klytämnestras Rache usw.).

d) Beispiele berühmter Frauen: Medea, die Amazonen, Iphigenie, Elektra, Antigone, Dido usw.

Aufgabe 14:

a) Vgl. Thetis, Geliebte des Peleus und Mutter des sterblichen Helden Achill; Paris als Schönheitsrichter über Göttinnen, Hermes als Führer des Priamos.

b) Es ist Teil des mythischen Weltbilds: Sinnsuche, Erklärungen für die Rätsel des Lebens und der Welt. Das eigentlich Unerklärliche wird durch Willensentschlüsse überirdischer Wesen „erklärt".

c) Dämon: Wesen zwischen Gott und Mensch; eine fremde, gottähnliche Macht im Menschen selbst, die auf seinen Willen Einfluss nimmt und ihn vorantreibt; in christlicher Sicht: böser Geist, auch das Böse im Menschen, das ihn unmenschlich werden und das rechte Maß verlieren lässt (vgl. „nicht ganz bei Sinnen", Besessenheit); im sokratischen Denken: göttliche Stimme im Menschen.

d) Spielraum für Vorstellungen der Schüler
Zu den Göttern:
Die Götter der homerischen Welt leben und walten wie nach Macht und Fähigkeiten ins Unendliche gesteigerte Menschen, aber sie sind unsterblich, nie alternd, leicht und ohne Beschwerden lebend und damit in entscheidenden Punkten vom Menschen verschieden, dessen Sterblichkeit im antiken Denken besonders herausgestellt wird (bis hin zu der Bezeichnung „die Sterblichen" = die Menschen). Die Götter kennen Leidenschaften (Liebe, Hass, Rachedurst, Neid, Eitelkeit, Wut, Zorn, Mitleid usw.), aber nicht die Erfahrung des Todes. Sie sind vollkommen in ihrer Schönheit. Ihre Verbindung zu den Sterblichen zeigt sich in den zahlreichen Götterkindern (vgl. auch die Liebesabenteuer des Zeus). Allerdings sind diese „Liebschaften mit Göttern" für Sterbliche oft unheilvoll (vgl. das Schicksal des Peleus; Achill berichtet dem Priamos vom Schicksal seines Vaters im XXIV. Gesang, 534 ff.). Über den Göttern steht aber die Macht des Schicksals,

vgl. die so gen. Kerostasie: Zeus wägt das Schicksal Hektors und Achills: „Da nun spannte der Vater (der Menschen und Götter) die goldenen Waagschalen auseinander und legte zwei Lose hinein des stark schmerzenden Todes, eines für Achill und eines für Hektor, den Pferdebändiger, / Fasste sie in der Mitte und zog sie hoch. Da senkte sich Hektors Schicksalstag / Und kam hinab bis zum Hades; und da verließ ihn Phoibos Apollon." (Ilias, XXII, 219 ff.)

(60) **Aufgabe 15:**

a) Vgl. Verblendung (Ate, Tochter des Zeus, von ihrem Vater im Zorn auf die Erde geschleudert), Verlust und Wiedergewinnung des Maßes im Leid.

b) Da immer wieder Götter eingreifen, da sie und Dämonen den Willen der Menschen lenken, sind auch die Helden für ihr Handeln nicht eigentlich verantwortlich. Man sollte hier von den Schülern nicht zu viel erwarten. Folgende Stellen aus der Ilias könnten ihnen Impulse geben:

1. Achill bekennt sich zu seinem Schicksal, zu einem kurzen, aber ruhmreichen Leben. Achill zu seiner Mutter Thetis: „... Den Tod werde ich aber dann hinnehmen, wann immer / Zeus ihn vollenden will und die anderen unsterblichen Götter. / ... Doch jetzt will ich guten Ruhm gewinnen, ... (XVIII, 115 ff.)

2. Aus dem 19. Buch der Ilias: Achills Pferd Xanthos, begabt mit Heras Stimme, weissagt dem Helden den Tod: „Aber nahe ist dir der verderbliche Tag, und nicht wir sind dir schuld, / sondern der Gott, der große, und das übermächtige Schicksal: / ... Aber dir selber / Ist es bestimmt, von einem Gott und einem Mann mit Kraft bezwungen zu werden." (409 f. 417) Achill entgegnet (420–424):

„Xanthos! was weissagst du mir den Tod? Das brauchst du nicht! / Gut weiß ich auch selber, dass mir bestimmt ist, hier zugrunde zu gehen, / Fern meinem Vater und der Mutter. Aber gleichwohl lasse ich nicht ab, / Bevor ich die Troer genugsam umgetrieben im Kriege!" / Sprach es, und unter den Vordersten lenkte er jauchzend die einhufigen Pferde.

Der Mensch bewahrt seine Würde, indem er den Schicksalswillen zu seinem eigenen macht und sein Schicksal bewusst erfüllt. Menschliches Leid und menschliche Ohnmacht, aber auch menschliche Größe bestimmen das Menschenbild Homers. (Vgl. Homer als Vater der Tragödie.)

3. Das Blättergleichnis (VI, 146 ff.):

„... wie der Blätter Geschlecht, so ist auch das der Männer. / Die Blätter – da schüttet diese der Wind zu Boden, und andere treibt / Der knospende Wald hervor, und es kommt die Zeit des Frühlings. / So auch der Männer Geschlecht: dies sprosst hervor, das andere schwindet."

4. Das Pithoi-Gleichnis (Fässer-Gleichnis), das Achill dem König Priamos erzählt, Ilias XXIV, 525 ff.:

„Denn so haben es zugesprochen die Götter den elenden Sterblichen, / Dass sie leben in Kummer, selbst aber sind sie unbekümmert. / Denn zwei Fässer sind aufgestellt auf der Schwelle des Zeus / Mit Gaben, wie er sie gibt: schlimmen, und das andere mit guten. / Wem Zeus sie nun gemischt gibt, der donnerfrohe, / Der begegnet bald Schlimmem und bald auch Gutem. / Wem er aber von den traurigen gibt, den bringt er zu Schanden, / Und ihn treibt schlimmer Heißhunger über die göttliche Erde, / Und er kommt und geht, nicht vor Göttern geehrt noch Menschen."

(Alle Textstellen sind von W. Schadewaldt übersetzt.)

(61) **Aufgabe 16:**

Zum epischen Stil Homers: Rolle des Erzählers (vgl. Aufgabe 5 a); schmückende Beiwörter, Verbindung von Erzählerbericht und wörtlicher Rede, Gleichnisse, Vergleiche, Farbigkeit und Ausführlichkeit („epische Breite"), Klammerverse, formelhafte Verse und Versgruppen.

Aufgabe 17:

Zum mythischen Menschen- und Weltbild:

– Ruhm und Ehre im Kampf, Ansehen in der Gesellschaft und im Rat, materieller Besitz; Bewährung menschlicher Fähigkeiten und Eigenschaften (Körperkraft, Schnelligkeit, Tapferkeit, Mut, Klugheit, List, Weisheit)

– Die adelige Herrenschicht wagt es, sich den Göttern ebenbürtig zu fühlen und ihnen gegenüberzutreten, sich sogar über sie lustig zu machen, aber:

Wenn der Mensch sich überhebt und seine Grenzen nicht erkennt und maßlos wird (Verblendung, Hybris), wird er zu Fall kommen und bestraft werden (vgl. Vorstellung vom Neid der Götter, Schicksal des Tantalos, des Sisyphos, der Niobe; vgl. auch Schillers Ballade „Der Ring des Polykrates" und das Parzenlied in Goethes „Iphigenie auf Tauris").

Mit der Erzählung vom Schicksal Niobes versucht Achill Priamos etwas aufzurichten (Ilias, XXIV, 599–620).

- Die Menschen können zu der Vorstellung gelangt sein, dass Götter in ihr Leben und in die Kämpfe eingreifen, weil ihnen viele Ereignisse in ihrem Leben unerklärlich und nicht vorhersehbar erschienen. Auch der Ausgang eines großen Krieges wie der Kampf um Troja war letztlich offen und unkalkulierbar.
  Die großen Helden haben so ungeheure Kräfte, dass sie über normales menschliches Maß hinausgehen.

(62–65) 1.2 Ritterepos: König Artus

(63) **Aufgabe 1** zu Text 4 (62 f.):
a) ist abhängig von den Nacherzählungen der Schüler. Text 4 ist auch zur Textzusammenfassung (Inhaltsangabe) geeignet. Die wichtigsten Erzählschritte:
- Artus kehrt nach erfolgreichen Kämpfen nach Camelot zurück.
- Er spürt rätselhafte (ihm unbekannte) Nachwirkungen der Begegnung mit Gwinever.
- Er bittet Merlin um Hilfe.
- Artus geht als Gärtnerbursche nach Cameliard.
- Der grobe Herzog von Northumberland wirbt um Gwinever.
- Artus bietet (als unbekannter, weißer Ritter) seine Hilfe an.
- Artus besiegt den überheblichen Mordaunt im fairen Zweikampf.
- Der siegreiche weiße Ritter verschwindet, kehrt aber bald als Gärtnerbursche nach Cameliard zurück.

b) ist abhängig von Einfällen der Schüler, z. B. dazu, wie Artus sich Gwinever zu erkennen gibt.
c) ergibt sich aus den Kenntnissen der Schüler.

(64) **Aufgabe 2** zu Text 4 (62 f.):
a) Die Schüler könnten auf Folgendes hinweisen:
Orts- und Personennamen, die Bezeichnung „Ritter von Ruf und Namen", ritterliche Bräuche und Sitten, die Art des Kampfes (vgl. Tjost, Turnierregeln), und die Tatsache, dass Artus zum Gebet aufgefordert wird.
„Bei der Tjoste standen sich zwei Ritter gegenüber, die im schärfsten Galopp aufeinander zu ritten, um beim Aufeinanderprall den Gegner aus dem Sattel zu heben."
(Vgl. Christoph Hohler, in: Blüte des Mittelalters. Droemer Knaur, München 1966, S. 146)

b) Gemeinsamkeiten: Bedeutung von Körperkraft und Kampfesmut, Streben nach Ruhm und Ehre, Provokation des Gegners, Rüstung als Beute für den Sieger; ähnliche Bewaffnung und Rüstung (Schwert, Schild, Speer bzw. Lanze)
Unterschiede: Kampfesweise (zu Pferd ↔ mit Streitwagen), Kampfes- und Turnierregeln, Ritterpflichten
Zum Zorn des Achill und zum Jähzorn Mordaunts:
Der Zorn des Helden ist auf die Ehrverletzung durch Agamemnon zurückzuführen, seine Grausamkeit und sein Hass auf ein Übermaß an Schmerzen. In seiner Leidenschaftlichkeit verstößt er gegen das rechte Maß.
Vgl. dazu den aristotelischen Begriff der „Mesótes", der rechten Mitte, die aus dem griechischen Wesen und Denken hervorgegangen ist, mit der „mâze" als einer der Grundforderungen und -tugenden ritterlichen Menschentums: Mäßigung, Ausgeglichenheit, Finden der Mitte, Zurückdämmung und Kontrolle der Leidenschaften („zuht").
Schrecklicher Jähzorn (als angeborene Eigenschaft) überfällt Mordaunt bei jedem Kampf und macht ihn „unüberwindlich". Er wird dadurch zum gefürchteten Kämpfer. Erst seine Hässlichkeit (Z. 26) und seine „schlechten Sitten" (Z. 26) lassen den Herzog unsympathisch erscheinen (vgl. auch seine überhebliche Prahlerei, für die er büßen muss!).

c) Artusdichtung: Zauberer Merlin, Zauberschwert Excalibur, Zauberkappe – übernatürliche Kräfte, die Artus unterstützen und ihm helfen (vgl. auch die Feen).
Ilias: Götter statten Helden mit Waffen aus und stützen sie im Kampf, sie greifen in das irdische Geschehen ein. Die Aufforderung zum letzten „Gebet" (Z. 39) wirkt spöttisch und ironisch (frevelhaft?). Mordaunt vertraut in erster Linie auf seine Kampfkraft.

d) Vgl. Aufgabe 13.
Zur Bedeutung der Frau in Text 4:
Z. 10: „Der arme König hielt sich aber Gwinevers nicht wert", ...
(Die Werbung um eine begehrenswerte Fürstentochter ist auch bei Homer üblich, vgl. Bewerber um Helena. Frauenraub scheint in Ritterkreisen aber höfischen Sitten zu widersprechen.)
Z. 11: Vgl. den Dienst der Ritter für ihre (verehrte) Herrin, Minnedienst als schönste Tugend der Ritter. Artus bittet Gwinever um die Erlaubnis, als ihr Ritter kämpfen zu dür-

fen. (Vgl. dagegen den Streit Agamemnons und Achills um die Beutemädchen und den Anlass des Trojanischen Krieges.)

Zur Stellung der Frau im Mittelalter:

Die Frau übernahm als „Herrin" im Minnesang und im höfischen Spiel die Rolle des Lehnsherrn. Im Alltag blieb sie jedoch dem Mann untertan. Auch adeligen Damen wurden kaum Rechte in der Öffentlichkeit zugestanden. Hier regierte allein der Mann.

(Was aber eine Frau als Königin erreichen konnte, zeigt das Schicksal Eleonores von Aquitanien, der Enkelin Wilhelms IX. von Aquitanien, die als Gemahlin Heinrichs II. von England, als Königin von Frankreich und England und als Herzogin von Aquitanien die Politik in Europa mitbestimmte und auch an einem Kreuzzug selbst teilnahm.

Vgl. Tanja Kinkel, Die Löwin von Aquitanien, München (Goldmann 41158) 1991)

e) Es könnte in diesem Zusammenhang die Adelswelt der Achäer (Zyklopenburgen, Wohnkultur, Bewaffnung, Rhapsoden, Frondienste der Untertanen) mit der Welt des Rittertums (Burgen und Schlösser, Wohnen in einem mittelalterlichen befestigten Haus oder einer mittelalterlichen Burg, Bewaffnung, Troubadoure, Frondienste höriger Bauern) verglichen werden. (Kurzvorträge oder Nachschlageaufträge)

In diesem Zusammenhang könnte ein Unterrichtsprojekt im fächerübergreifenden Unterricht durchgeführt werden.

Thema: Adelskulturen in der Antike und im Mittelalter

Bereiche: geschichtlicher Hintergrund, Gesellschaftsstruktur, Haus- und Wohnkultur, Lebensformen und Lebensgewohnheiten, höfische Unterhaltung, Wertbegriffe im weltlichen und religiösen Bereich, Menschen- und Weltbild im Vergleich zur Gegenwart

Beteiligte Fächer: D, G, R/Eth, KU

(64) **Aufgabe 3** zu Text 5 (64 f.):

Artusepik: Zur Stoffgeschichte

1. 1135: Geoffrey von Monmouth: „Historia regum Britanniae":
   – Aufgreifen walisischer Ortssagen um einen britischen (keltischen) Helden Artus oder Arthur (Z. 4–8)
   – Überhöhung zu einem glanzvollen Herrscher (Z. 12)
2. Historische Wirklichkeit (geschichtlicher Hintergrund): ca. 500 n. Chr.: Artus (Heerführer von Inselkelten) fällt im Kampf gegen Angelsachsen (Z. 8–11)
3. Ausgestaltung des Stoffes:
   – um 1140–1190: Chrétien de Troyes: mehrere Versepen (2. Hälfte des 12./Anfang des 13. Jh.): Tafelrunde – ritterliche Welt – Gralshüter
   – Ausgestaltung der Versepen Chrétiens in mittelhochdeutschen Versepen: Hartmann von (der) Aue: Der arme Heinrich; Wolfram von Eschenbach: Parzival; Gottfried von Straßburg: Tristan und Isolde
   – 19. Jh.: Musikdramen Richard Wagners (Tristan und Isolde, Parsifal)
   – 20. Jh.: ⟨Hal Foster, Prinz Eisenherz (Comic-Serie/Spielfilm); Spielfilm „Excalibur"⟩ Roman: Die Nebel von Avalon, von Marion Zimmer Bradley

(65) **Aufgabe 4** zu Text 5 (64 f.) dient zur Einübung der Arbeitstechniken.

a) Vgl. Zusammenstellung zur Aufgabe 3.

b) Vgl. Hinweise zur Ausgestaltung des Stoffes im 20. Jh.

Aufgabe 5:

a) ist abhängig von den Interessen und Leseerlebnissen der Schüler.

b) Es könnte Folgendes genannt werden: Abenteuer und Kämpfe von mutigen Rittern, spannende Konflikte, geheimnisvolle Vorgänge, eindrucksvolle Herrscherfiguren, Helden als Vorbilder usw.

Weiterführende Anregungen

1. Zur Ilias: Bilder auf antiken Vasen zur Illustration der Ilias finden sich z. B. in
   – Homer: Ilias. Übers. v. Wolfgang Schadewaldt. Insel TB 153. Frankfurt 1975 (ISBN 3-458-31853-4)
   – Ingeborg Tetzlaff: Griechische Vasenbilder. dumont TB 89. Köln 1980 (ISBN 3-7701-1161-3)

Achilleus und Ajax beim Würfelspiel
Bauchamphora des Exekias aus Vulci (Vatikanisches Museum Rom. Foto: Scala Istituto Fotografico Editoriale).

2. a) Kennzeichen der griechischen Götter

1 Dionysos
2 Ares
3 Zeus
4 Athene
5 Pluto
6 Hestia
7 Artemis
8 Hermes
9 Demeter
10 Poseidon
11 Apollon
12 Aphrodite
13 Hephaistos
14 Hera

b) Die wichtigsten Götter der Griechen und ihre Abstammung

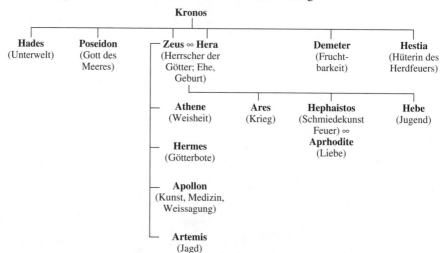

3. Aus Walter Jens, Trojas Untergang (Schluss)
Ein Sänger erzählt den Versammelten, dem König und der Königin, Rittern und Knappen, Dienern und Mägden, die das Leid des Krieges miterleben:
(Walter Jens, Trojas Untergang. Aus: Ilias und Odyssee. Otto Maier Verlag Ravensburg 1956)

„(...)
Später, als die Troer in festlichem Reigen die Befreiung ihrer Stadt bejubelten, als sie tanzten und tranken und endlich erschöpft in einen traumlosen Schlaf fielen, öffnete Sinon die Tore, entzündete eine lodernde Fackel – das Signal für die auf Tenedos versammelten Griechen – und pochte gegen den Holzbauch des Pferdes. Dann schob er den Riegel zurück, und während das Heer wieder in die Ebene strömte, verließen die Zwölf das dunkle Gefängnis und das Gemetzel begann. In einer einzigen Nacht verbrannte das mächtige Troja zu Asche und Rauch, die Griechen durchlärmten plündernd die Straßen; Altäre und Tempel wurden zerstört, Kinder und Frauen starben den grässlichen Tod.

Doch als die Götter das sahen, wurden sie zornig; denn sie hassten Frevel und Mord an wehrlosen Menschen. Während Menelaos und Helena sich miteinander versöhnten, brannten die Häuser noch immer; aber bald schon, so war es beschlossen, würden die allzu gewaltigen Sieger das troische Leid am eigenen Leibe erfahren. Agamemnon war keine Heimkehr vergönnt; im Bade erschlug ihn die eigene Frau. Zehn Jahre lang irrte Odysseus umher, ehe sein Fuß die Erde Ithakas wieder berührte. Doch davon will ich ein andermal sprechen."

Der Sänger erhob sich, und der König geleitete ihn hinaus in den Park, zeigte ihm Bäume und Früchte, die schimmernden Zweige und schlafenden Vögel und beschrieb ihm die Schiffe im Hafen, die fern auf den Wogen sich leise wie dunkle Träume bewegten.

Es wurde eine klare Nacht, und der kommende Tag war leuchtend und warm. Am Abend kehrte der Sänger zurück und erzählte, wie er versprochen, von den Abenteuern des leidgeprüften Odysseus.

Der Krieg war zuende; aber als die Soldaten nach Hause zurückkehrten, erkannten ihre Frauen sie nicht. Denn sie waren alt geworden, der Kampf hatte ihre Gesichter verändert, und es dauerte lange, bis sie wieder Vertrauen zueinander gewannen. Davon erzählte der Blinde. Seine zweite Geschichte hieß: ‚Die Heimkehr', und auch diese Geschichte hatte Homer als Erster erzählt.

Zur Artusepik: ▷ (65)
Vgl. A Conneticut Yankee in King Arthurs Court. Roman von Mark Twain, erschienen 1889.
In diesem bizarr-utopischen Roman versetzt Mark Twain den Amerikaner Hank Morgan, Vorarbeiter in einer Fabrik in Conneticut, aus dem 19. Jahrhundert in das England des Jahres 528, an den Hof König Arthurs. Dieser Kunstgriff erlaubt es ihm, die Zustände im mittelalterlichen England zu parodieren und gleichzeitig gesellschaftliche Konventionen im Amerika seiner Epoche zu attackieren. (vgl. KLL)
Aufgabe: Ein Schüler/Eine Schülerin wird als Knappe/als adeliges Mädchen an den Hof König Arthurs versetzt, verwirrt durch seine ungewöhnliche Verhaltensweise, seinen Umgangston, seine Essgewohnheiten und seine Bedürfnisse, die Menschen seiner Umgebung, und äußert sich kritisch über die Welt der Ritter und die Welt des 20. Jahrhunderts. (Vgl. Erzählen und Schildern: Fantastische Geschichten schreiben).

(67–74) ## 2. Kurzgeschichten erschließen

Zielsetzung des Kapitels

Am Beispiel von Borcherts Kurzgeschichte „Nachts schlafen die Ratten doch" sollen die Schüler in Fortsetzung der Bemühungen in der 5. und 6. Jahrgangsstufe zum genauen Lesen angehalten und ihre Aufmerksamkeit für die Bedeutung und Wirkung erzählerischer Details geweckt werden. Gerade Kurzgeschichten verlangen genaues Beobachten und sind deshalb zum erkennenden Lesen besonders geeignet. Die Schüler führen wichtige Schritte und Arbeitstechniken der Texterschließung aus (elementare hermeneutische Operationen). Das Ziel des Kapitels ist nicht so sehr die Behandlung dieses besonderen Textes von W. Borchert um seiner selbst willen, sondern das leitende Ziel ist die Vermittlung transferierbarer Kenntnisse von Erschließungsmethoden. In diesem Zusammenhang lernen die Schüler Merkmale der Gattung „Kurzgeschichte" kennen und üben wichtige Schritte und Arbeitstechniken der Texterschließung.

Hinweise zu den Aufgaben

(66) **Aufgabe 1** zum Bild (66):
a) ist abhängig von den Beobachtungen, Gedanken und Empfindungen der Schüler: Zwei einsame Menschen vor der Trümmerlandschaft einer zerstörten Stadt. – Es handelt sich um ein realitätsgetreues Foto. So sah es in den zerbombten deutschen Städten bei Kriegsende aus.
b) ergibt sich aus den Erinnerungen und Erfahrungen der Schüler über Zerstörungen in Kriegen der Gegenwart, über Auswirkungen von Naturkatastrophen (Erdbeben, Überschwemmungen, Erdrutsche, Sturmfluten usw.) und über die Folgen von Terroranschlägen.

In Verbindung mit der Betrachtung des Bildes kann als Überleitung zu Aufgabe 2 die Information zu Wolfgang Borchert besprochen werden (Bild und Text), besonders die Heimkehr des Autors in seine zerbombte Heimatstadt Hamburg.

(69) **Aufgabe 2** zu Text 1 (66–69):
a) wird durch die ersten Eindrücke der Schüler bestimmt. Mögliche Aspekte: Beschreibung der Trümmerlandschaft (Z. 1–3), das rätselhafte Verhalten des Jungen, Jürgens Geständnis (Z. 60–64) u. a.
b) Zur Situation und zum Handlungsort:
Substantive: „Staubgewölke", „Schornsteinreste", „Schuttwüste"
Adjektive/Partizipien: „hohl", „vereinsamt", „blaurot", „steilgereckt"
Verben: „gähnte", „flimmerte", „döste" (Personifizierungen)
c) Zur Grafik (67):
Mögliche Aspekte: Hell–dunkel (Lichtwirkung der untergehenden Sonne/Abendrot); übergroße Gestalt des Mannes, steht ganz dicht vor Jürgen; verkniffener Mund des Jungen, nach oben gerichteter misstrauischer Blick, verkrampfte Sitzhaltung.
Durch Jürgens Haltung wird deutlich, dass er jeden Kontakt ablehnt und sich versperrt. (Haltung einer verängstigten Kreatur, die in die Enge getrieben wurde.)
(Spielraum für Vorstellungen der Schüler)

(70) **Aufgabe 3** zu Text 2 (69 f.):
a) Die Schüleräußerungen geben Teilaspekte richtig wieder.
Anne stellt die Kinder als unschuldige Opfer des Krieges in den Mittelpunkt.
Kristin betont das Einfühlungsvermögen des Mannes, der die innere Not und die Zwangslage des Buben spürt und ihm zu helfen versucht.
Tonio erkennt den Hoffnungsschimmer und die Wendung vom Tod zum Leben.
Astrid weist auf das „offene", „andeutende" Erzählen Borcherts hin.
b) **und** c) sind abhängig von den Versuchen der Schüler. Eine Musterlösung ist nicht sinnvoll.

Aufgabe 4 a) und b):
Astrid weist auf den offenen Schluss hin. Borchert erzählt nur von der Begegnung und dem Gespräch der beiden am Abend.

(70) **Aufgabe 5:**
a) Die Schüler kennen aus der 5. und 6. Jahrgangsstufe folgende Textarten: Sagen (Orts-, Heimat-, Heldensagen), Fabeln, Schwankerzählungen.
b) Zum Märchen: unbestimmte Angaben zu Ort und Zeit, glücklicher Ausgang, oft dreigliedriger Aufbau, Entscheidungs- und Prüfungssituationen für den Märchenhelden oder die Märchenheldin, Symbolik (Zahlen, Metalle), hilfreiche und schädliche Naturwesen (Tiere, Zwerge, Feen, Riesen, Hexen usw.), formelhafte Wendungen (vgl. Überlieferung durch mündliches Erzählen).
c) Besondere Situation: der neunjährige Bub als Wächter am Grabe seines kleinen Bruders
Momentaufnahme: Begegnung mit dem Mann in der Abendstunde
Wende: Hoffnung auf neues Leben inmitten einer toten Welt (Aufblenden/Totale) – Einblendung des Jungen in die Trümmerlandschaft (Großaufnahme/Detail)
Offener Schluss: Andeutung der Hoffnung, neues Leben als Möglichkeit

(71) **Aufgabe 6:**
a) Vgl. auch die W-Fragen: Wo? Wann? Wer? Was? Wie? Warum? Welche Folgen? Wer erzählt?
b) ergibt sich aus der Besprechung des Informationskastens.

(72) **Aufgabe 7:**
Mögliche Aspekte:
– Ort: irgendwo in einer zerstörten Stadt
Zeit: nach Kriegsende, Abend
– Situation: Ein neunjähriger Junge namens Jürgen bewacht die verschüttete Leiche seines vierjährigen Bruders, um sie vor Ratten zu schützen. Ein älterer Mann findet den Jungen und spürt seine Not.
– Gesprächsverlauf: Der Mann erweckt bei Jürgen zuerst Angst, dann langsam Neugier und Aufmerksamkeit. Er gewinnt (durch eine Art Notlüge) das Vertrauen des Jungen und erreicht, dass dieser sich wieder für Lebendiges interessiert.
– Situationen, die sich wiederholen: Blick Jürgens von unten nach oben (Z. 6–9; Z. 40), durch die Beine des Mannes (Z. 7f., 13, 35, 40, 56, 75, 79, 90–93), Blick des Mannes „von oben auf das Haargestrüpp": Z. 11, 65
– Farben: „blaurot" (Z. 1), „weiße, graue, weißgraue" (Z. 79), „Ein weißes vielleicht" (Z. 83), „rot" (Z. 91), „Grünes Kaninchenfutter" ... „etwas grau vom Schutt" (Z. 94)
– Die Gegenstände: Der Stock als Waffe gegen die Ratten (Z. 15/16, 18, 47), als Zeigestab (Z. 61) und schließlich als Spielgerät (Z. 72, 78).
Das Messer, das erst in der Hand getragen (Z. 9; Wirkung auf den Jungen?) und dann zugeklappt wird (Z. 25).
Der Korb, der zuerst in der Hand gehalten (Z. 10), dann abgestellt (Z. 19) und als Mittel verwendet wird, um das Interesse des Jungen zu erwecken (Z. 25f.). Dann wird er wieder aufgenommen (Z. 48, 52) und zuletzt „aufgeregt hin und her" geschwenkt (Z. 93).
– Die Kaninchen (Kanichenfutter/Kaninchenstall) und Jürgens Reaktionen:
Kaninchenfutter (Z. 28)   Jürgen:
Z. 27   ← „geringschätzig"
Z. 37   → Erstaunen Jürgens über die Zahl, Z. 40: „unsicher"
Z. 48   → Z. 51: „traurig"
Z. 75   → Z. 78f.: „Lauter kleine Kaninchen. Weiße, graue, weißgraue."
Z. 80: Kaninchenstall   → Z. 82ff., Z. 88: „Ja, ich warte."
Korb/Kaninchenfutter Z. 93f.

(73) **Aufgabe 8** zu Text 3:
a) Astrid nennt Schlüssel „Wortwahl".
Anne hat Adjektive gesammelt, die die Reaktionen des Jungen andeuten (innere Handlung).
Stephan untersucht die Wortwahl am Anfang und am Schluss.
Christian geht auf den Aufbau ein: Ausgangssituation – Begegnung und Gespräch der beiden Hauptfiguren – Schlusssituation
Gaby setzt sich mit der Symbolik auseinander (Zeichen für neues Leben).
Tobias weist auf den Zusammenhang zwischen äußerer und innerer Handlung hin.
b) Der Tempusgebrauch ist wirklich wenig ergiebig.
Aber die Zeitebenen (Verbindung von vergangener Verwüstung, gegenwärtiger Not und Lebensfeindlichkeit zur Zukunftshoffnung) sind doch wichtig.
c) Frau Liedtke verbindet Inhalt (äußeres und inneres Geschehen, Schwerpunkte) mit der Gestaltung (Erzählweise, Wirkung) und führt zur Aussage des Autors hin.

Aufgabe 9:
a) ist abhängig von den Beobachtungen der Schüler.
b) Zur Aussage: Die Lösung des in der Kurzgeschichte aufgedeckten Problems ist wohl darin zu sehen, dass ein durch das Grauen des Krieges zu schnell erwachsen gewordener Bub (vgl. Rauchen, Pflichtbewusstsein, Verantwortung für den toten Bruder) wieder ins Kindsein, ins normale Leben (vgl. Symbolik) zurückgeführt wird, also wieder ein Kind wird, das spielt (vgl. den Stock) und sich für Lebendiges interessiert (vgl. die Kaninchen). Nach all den Zerstörungen und Verlusten (auch engster Familienangehöriger) wenden sich die Übriggebliebenen der Zukunft zu. Sie könnten nicht weiterleben, wenn sie im Schmerz über das Vergangene total erstarrten.

(74) **Aufgabe 10** zu Text 4 (74):
Die Schüler diskutieren darüber, wie fiktive Wirklichkeit (Literatur, Dichtung) über die reale historische Wirklichkeit Wahres aussagen kann. Können erfundene Geschichten (A), die zudem auch noch in der Vergangenheit spielen (B), Wahres über die vergangene und die heutige Wirklichkeit (B) aussagen? Beitrag C gibt eine Synthese.
Man könnte diese Diskussion auf die antiken und mittelalterlichen Epen übertragen.

Aufgabe 11 ist abhängig von dem Angebot der eingeführten Lesebücher.

(74–76) ## 3. Anekdoten: Eine besondere Art kurzer Erzählungen

Zielsetzung des Kapitels

In Aufgabe 10 (s. o.) wurde das Verhältnis von Fiktion und historischer Wirklichkeit diskutiert. Mit der Anekdote, die als weitere epische Kleinform eingeführt wird, untersuchen die Schüler eine Erzählform, die oft von einer einfallsreichen, treffenden Fiktion bestimmt ist. Auch wenn ein Geschehen, eine Handlung oder ein Ausspruch, die mit einer historischen Persönlichkeit verbunden sind, nicht wirklich stattgefunden haben, so sind sie oft so gut erfunden, dass sie typische Wesensmerkmale effektvoll erhellen. Die Schüler können in diesem Kapitel an zwei Beispielen Darstellungsmittel von Anekdoten erschließen und diese künstlerische Schreibform durch eigene Versuche kennen lernen.

Hinweise zu den Aufgaben

(75) **Aufgabe 1** zu Text 6 (74 f.):
a) ist abhängig von den Eindrücken der Schüler.
b) Es geht um bekannte Persönlichkeiten (aus Politik und Kultur).

Aufgabe 2:
a) – Tägliche Ausfahrten des Königs, der sich unters Volk mischt und „sein München" genießt.
– Fontane als Theaterkritiker und umsorgter Ehemann
b) – Volkstümlichkeit und Humor Ludwigs I., sein leutseliges, offenes Verhältnis zu den Münchnern
– Fontanes Verhältnis zu seiner Frau, deren Überwachung er mit Geduld und Schlagfertigkeit erträgt
c) Er will besondere und typische Eigenschaften der Persönlichkeit zeigen. Dazu dient eine bestimmte Situation („Momentaufnahme").

Aufgabe 3:
a) Einführung: Vorstellung der Persönlichkeit (Um welche Persönlichkeit geht es?)
b) Das Entscheidende, die Spitze (die Pointe) fehlt.

Exposition: Die Persönlichkeit wird vorgestellt.
Situation: Sie wird in einer besonderen Begebenheit gezeigt.
Pointe: Typisches Verhalten wird erhellt.

Aufgabe 4:
a) Gemeinsamkeiten: besondere Situation, Kürze, Momentaufnahme (Alltagssituation); in Kurzgeschichten (meist) Alltagsmenschen (oft ohne Namen) als Träger der Handlung; Unterschiede im Aufbau:
Kurzgeschichte: unvermittelter Beginn und offener Schluss (häufige Merkmale)

(76) Anekdote: Exposition, Pointe als Höhepunkt
Die Erzählweise in der Kurzgeschichte ist andeutend, in der Anekdote wird dem Leser das Typische deutlich gezeigt.

b) Zusätzliche Informationen:
Die erzählte Begebenheit braucht nicht historisch wahr zu sein, sie sollte aber möglich gewesen sein und das Typische zeigen. Eine gut erfundene Geschichte kann das Typische oft besser erhellen als ein tatsächliches Ereignis.
Hinweise zur Entwicklung der Anekdote als Erzählform:
– Herkunft des Begriffes
– Vom mündlichen zum schriflichen Erzählen
– Rücksicht auf das Privatleben
– Anekdote als künstlerische Schreibform

Aufgabe 5 ist abhängig von dem Angebot in den eingeführten Lesebüchern.

(77–89) ## 4. Gedichte und Balladen

Zielsetzung des Kapitels

Die Schüler sollen an einfachen Beispielen Formelemente lyrischer Texte (Reim, Metrum, Rhythmus) erarbeiten und ihre Wirkung kennen lernen. Mit diesem in 4.1 erworbenen Handwerkszeug werden dann in 4.2 zwei Gedichte bekannter Autoren (Britting, Krolow) betrachtet, die ein ähnliches Motiv behandeln. Ziel ist es, den Schülern die Vielseitigkeit lyrischer Texte zu zeigen, ihnen den Zusammenhang von Formelementen, bildlichem Sprechen und der Aussage bewusst zu machen und sie zu eigenen Gestaltungsversuchen anzuregen. Die Eigenart von Balladen soll in 4.3 am Beispiel von Schillers spannungsvollem Erzählgedicht „Der Handschuh" erschlossen werden.

Hinweise zu den Aufgaben

(77) #### 4.1 Gereimt und ungereimt: Gedichtwerkstatt

Aufgabe 1 zu Text 1 (77):
a) Regen hat einen Besuch des Freibades verhindert. Ärger und Enttäuschung darüber sollen ausgedrückt werden.
b) ist abhängig vom Urteil der Schüler. Sie könnten auf die unpassenden, gezwungen wirkende Reime und die Unregelmäßigkeiten im Metrum hinweisen.

(78) **Aufgabe 2** zu Text 2 (77):
a) Kritische Stimmen: „schlecht gereimtes Gedicht", „Stimmung und Wirkung im zweiten Gedicht" passen nicht zusammen; unterschiedlich lange Zeilen, Verse ohne Reimendungen, inhaltliches Durcheinander, Fehlen der Überschrift, des Titels
b) Anke lehnt Reime als „altmodisch" ab. Martin fordert, dass Inhalt, Form und Wirkung zusammenpassen sollen. Julia weist darauf hin, dass es keinen Reimzwang gibt.

Exkurs zur Geschichte des Reims:
Reime sind ein Mittel der Lyrik geworden. Für die Verbreitung des Reims war die lateinische christliche Hymnendichtung entscheidend, die sich von der quantitierenden Dichtung der Antike löst (vgl. Längen und Kürzen) und zur Beachtung des Wortakzentes drängt. In Deutschland führt ihn Otfried von Weißenburgs Evangelienharmonie (um 870) an Stelle des Stabreims ein.
Die mittelhochdeutsche Klassik führt die Reimkunst zu höchster Vollendung und verwendet nur reine (genaue Übereinstimmung von Vokalen und Konsonanten vom Vokal der betonten Reimsilbe an, z.B. Buchen – Kuchen; Gegensatz: unreiner Reim, die Laute sind nur ähnlich, z.B. kühn – hin, See – Höh) und rührende (z.B. rufen – berufen; Gleichheit auch des Konsonanten vor der betonten Reinsilbe) Reime. Seither herrscht der Reim in der deutschen Dichtung, bis er als Reaktion auf die übertriebenen Reimspielereien des Barock angefochten wird. Man lehnt den Reim ab, da er das Gehör betäube und die Gedanken fessle („desemantisierende Wirkung" des Reims), und greift auf die Reimlosigkeit antiker und altgermanischer Dichtung zurück. Der Reim hat sich aber in der Lyrik gehalten. Während Naturalismus und Expressionismus reimfeindlich waren und reimlose Gedichte sich nach dem

1. Weltkrieg mit den gereimten fast die Waage hielten, hat sich ein derartiger Vorgang nach dem 2. Weltkrieg nicht wiederholt.
(Nach Gero von Wilpert, Sachwörterbuch der Literatur, Kröner TB 231, Stuttgart ⁵1969, S. 626, s. v. Reim)

Aufgabe 3:
a) Strophe I: a͡a b͡b
   Strophe II: xx c͡c
   Strophe III: xx d͡d

b) Es prasselt der Regen!
   Auch im Regen kann man sich regen!
   Ich lehne mich aus dem Fenster raus,
   Das Wasser fließt vorbei am Haus.

Aufgabe 4:
a) x́ x | x́ x | x́ x | x́
   x́ x | x́ x | x́ x | x́
   x | x́ x | x́ x | x́ x | x́
   x | x́ x | x́ x | x́ x | x́

   x | x́ x | x́ x
   x | x́ x | x́ x | x́ x | x́ x
   x | x́ x | x́ x | x́ x
   x | x́ x | x́ x | x́ x

   x | x́ x | x́ x | x́ x | x́
   x | x́ x | x́ x | x́ x | x́
   | x́ x | x́ x | x́ x x | x́ x
   x | x́ x | x́ x x | x́ x

   Die Verse sind teils vier-, teils drei-, teils zweihebig.

(78) **Aufgabe 4:**
b) Mögliche Lösung:
   I:
   Schwimmen wollt' ich heute gehń.
   Nicht im Regen wollt' ich stehń.
   II:
   Regen rinnt und Regen prasselt!
   Jede Freud' ist uns vermasselt!
   Enten schwimmen in den Pfützen,
   können sie zum Baden nützen.
   III:
   Aus dem Fenster schau ich raus:
   Wasser fließt vorbei am Haus!
   Schon ist nass der Arm vom Pulli.
   Kreist die Ente auf dem Gulli.

Exkurs: Taktordnung und Versfüße
Die Zerlegung eines Verses in Hebungen und Senkungen und seine Aufgliederung nach Takten (mit jeder Hebung beginnt ein Takt) entspricht Versen in deutscher Sprache. Der deutsche Vers ist ein gravitierender (akzentuierender) Vers. Auf den deutschen Vers passt auf eigentliche Weise eine gravitierende Metrik. – Trochäus, Jambus, Daktylus, Spondeus, Anapäst gehören zur quantitierenden Metrik. Diese passt auf eigentliche Weise auf den lateinischen und altgriechischen Vers. Bei diesen werden nicht betonte und unbetonte Silben unterschieden, sondern lange und kurze. Die quantitierende Metrik wird notiert in einem eigenen System von Zeichen, wie es in der Sachinformation benutzt wird. – In Zeitaltern, in denen die lateinische Sprache als normgebend aufgefasst wurde, wurden auch deutsche Verse nach den Kategorien der antiken Versmaße verstanden. Die Verslehre verfuhr so, dass sie Hebungen mit Längen und Senkungen mit Kürzen gleichsetzte. Wenn man mit Blick auf deutsche Verse beispielsweise von Trochäen und Jamben spricht, so handelt es sich um eine im Grunde nicht sachgemäße Redeweise. In besonderem Maße haben Übersetzer antiker Sprachkunstwerke, die auch die Form im Deutschen wiedergeben wollen – wie z. B. Johann Heinrich Voß den homerischen Hexameter – die Gleichsetzung von Länge mit Hebung und Kürze mit Senkung benutzt und auf diese Weise deutsche Verse nach antiken Formen geschrieben.
Lit.: Gero von Wilpert a.a.O. s. vv. akzentuierende Dichtung und quantifizierende Dichtung, grundlegend: Andreas Heusler. Dt. u. antiker Vers, 1917.

(79) **Aufgabe 5:**
a) Trochäus; I,3/4: Jambus (II; III,1,2)
b) **und c)** sind abhängig von den Umarbeitungen der Schüler.

(80) **Aufgabe 6** zu Text 3 (80):
a) Jambus als Metrum
Thema und Aufbau des Gedichtes:
Das lyrische Ich beobachtet das Unwetter, glaubt die Enten am Deich in Gefahr, will sie unnötigerweise retten und wird von ihnen ausgelacht.
b) ist abhängig vom Urteil der Schüler.
Mögliche Aspekte: klarer Handlungsaufbau, lustiges Thema, effektvoller Schluss, anschauliche Schilderung des Unwetters (Steigerung), lebendige Beschreibung des Ententanzes usw.

Aufgabe 7 zu Text 3 (80):
a) Paarreime, Jambus
b) Z. 11: „Halt"! Der Ausruf betont die Angst.

Aufgabe 8 zu den Texten 1 (77) und 3 (80) mithilfe des Informationskastens (81):
a) **und b)**

Text 1: Alliteration	Anapher	Wortspiel
pitschepatsch im Regen regen	Heute (I,1/2) Ich (I,3/4)	„im Regen regen"
Text 3: Alliteration	Anapher	Wortspiel
Z. 1/15/4	Z. 5–8; Z. 11 f.	Z. 3/4: Steg–Weg Z. 5/6: Teich–Deich

(81) **Aufgabe 9** ist abhängig vom Vorlesen der Schüler.

Aufgabe 10:
Hyperbeln: Z. 5, 8, 12
Personifikation: Z. 16 (Enten kichern);
Z. 12 (Deich hält)
Lautmalerei: pitschepatsch, klitsch und klatsch

Aufgabe 11 zu Text 4 A–C (82) ist abhängig vom Urteil der Schüler.

(82) **Aufgabe 12:**
a) A: konkrete Poesie; B: Metaphern (Personifikationen): Erde, Sonnenblume, Wasser, Sonne; C: Klanggedicht
b) zu Text A: Stellung von „bäche" in der jeweiligen Zeile, Wiederholung von „bäche" (Steigerung), „bä" als effektvoller Abschluss (Regen hört auf? Ausdruck des Ärgers?)
c) zu Text B: Das segensreiche Herabströmen des Sommerregens wird anschaulich. Das Satzzeichen markiert das Ende des Regens. Also Pause machen!
d) zu Text C: Lautmalerei
Die Schüler ahmen mit sprachlichen Mitteln den Regen usw. nach, vgl. die Geräusche des Regens und die Geräusche, die entstehen, wenn man bei Regen über nasse Wiesen stapft oder in Pfützen steigt.

(83–85) ## 4.2 Regengedichte

(84) **Aufgabe 1** zu den Texten 5 und 6 (83) ist abhängig von der Entscheidung der Schüler.

Aufgabe 2 zu Text 5 (83):
a) Britting versucht die Wirkung des Regens mit Vergleichen anschaulich zu machen. Außerdem drückt er die Dynamik dadurch aus, dass er aus Substantiven Verben bildet: „beträuft" von Traufe, „bekiest" von Kies.
b) Regenriese, Blauhimmelhasser, Silbertropfenprasser

c) Reime:

    I: a a a

    II: b b c d c d

    III: e f e g e g   f: Regentonne

    IV: h i i j i   h: Regenriese!

    V: j j

Versfußschema:

I. | x́ x | x́ x | x́ x́ | x x́
   | x́ x | x́ x | x́
   | x́ x | x́ x | x́ x | x́   regelmäßig

II. | x́ x | x́ x | x́
    | x́ x | x́ x | x́
    | x́ x | x́ x | x́
    | x́ x | x́ x | x́
    | x́ x x | x́ x | x́   Schneckenspur: Daktylos
    x | x́ x | x́ x | x́

III. x | x́ x x | x́ x | x́
     x x | x́ x | x́ x
     x x | x́ x | x́   freie Rhythmen
     | x́ x | x́ x | x́
     | x́ x | x́ x | x́
     | x́ | x́ x | x́

IV. x x | x́ x | x́ x
    x | x́ x x | x́ x
    | x́ x | x́ x | x́ x
    | x́ x | x́ x | x́ x | x́ x | x́ x
    | x́ x | x́ x | x́ x | x́ x | x́ x | x́ x

V. x x | x́ x | x́ x | x́ x | x́ x
   x x | x́ x | x́ x | x́ x | x́ x | x́ x

d) ist abhängig von den Beobachtungen der Schüler.
Mögliche Antworten:
Metrum und Rhythmus geben das regelmäßige Tropfen bzw. das Strömen des Regens wieder. – Die Reime betonen eng Zusammengehöriges, oft ist eine Steigerung zu erkennen.

e) ergibt sich aus den Versuchen der Schüler.

Aufgabe 3 zu Text 6 (83):
a) Das Gedicht Krolows beschreibt das rasche Aufziehen, Ausbrechen und Abziehen eines Unwetters.
Erklärungen: Wolkenpferde (Metapher), Würze (würziger Geruch), „Beerenprasser" (Beerensucher oder Sträucher, die voller Beeren sind)

b) Zeilensprünge: Z. 1/2, 3/4, 5/6; 11 f., 13 f., 15 f., 17 f., 23 f.
Strophensprünge: Z. 8/9, Z. 20–23

c) Versfußschema und Reim:

    x | x́ x | x́ x   a
    x | x́ x | x́ x   b
    x | x́ x | x́ x   a
    x | x́ x | x́ x   b

Die Klangwirkung des Versmaßes tritt noch mehr heraus, wenn man die Verse als zweifüßige Jamben begreift:

∪ ‒ ∪ ‒ ∪

Vgl. Aufgabe 3 a: schnelles Aufziehen, Ausbrechen und Abziehen des Unwetters.

Aufgabe 4 zu den Gedichten 5 und 6 (83) mithilfe des Informationskastens (84 f.):
Text 5
Bild: Regenriese (Z. 20–23), (Personifikation)
Vergleich: „wie eine Schneckenspur"
Metapher: Silberuhr, der Bäume Mähnen

Text 6
Bild: Der Sturm treibt die Wolkenpferde.
Vergleich: Z. 22
Metaphern: Z. 3/4, 17, 19, 20 f.
Personifikation: Z. 17/18

(85) **Aufgabe 5 a) und b):**
Zu Text 5:
Britting personifiziert den Regen. Der Regenriese (Stabreim) freut sich sichtbar und hörbar. Die Verben (tropft, nass bezopft, läuft, beträuft, schießt, stürzt, fasst, klopft, singt, lacht, schnaubt) veranschaulichen die „Lebenslust" des Riesen, dessen Wesen durch Wortneuschöpfungen hervorgehoben wird; die Häufigkeit des stimmlosen s-Lautes (wie in dem Wort „Wasser") ist auffallend.
Die Bildkraft der Sprache wird durch die vielfältigen Klangwirkungen noch verstärkt (vgl. die sich steigernde Gewalt des Wassers, Lautmalerei der Regengeräusche).
Der Regen wird hier nicht als Störenfried (vgl. Text 1 [77]) geschildert. Britting drückt in kunstvoller Weise (Zusammenwirken von Wortwahl, Klang, Metrum, Rhythmus, Reim) vergnügliche Seiten des Regenwetters aus.
Zu Text 6:
Das Gedicht, das aus sechs regelmäßig gebauten Strophen besteht, erhält seine Wirkung durch die bildreiche Sprache. Wolken werden mit Pferden gleichgesetzt, die der Sturm als Treiber beherrscht. Verben betonen die Gewalt des Unwetters besonders. Diese Gewalt wird unterstrichen durch den zweihebigen Jambus, den Kreuzreim und die Zeilen- bzw. Strophensprünge. Das Gedicht gibt dem Leser eine eindrucksvolle Momentaufnahme: Gewitterwolken, Sturm, Staub, Regen, Ahornbäume im Sturm, Blitz und wirbelnde Blätter.

(85–89) **4.3 Gespannt bis zum Schluss: Balladen**

Vorbemerkung

Eine Schwierigkeit in diesem Teilkapitel könnte sich aus Aufgabe 3 c) und d) ergeben. Schüler, die vorauslesen, erhalten in dieser Aufgabe die Antworten zu Aufgabe 2 und Aufgabe 3 a) und b) geliefert. Dadurch gehen Spannung und Überraschung verloren. Wer dies fürchtet, könnte folgenden Weg gehen:
(Vorschlag):
– Der Lehrer sollte die Besprechung der Ballade mit Aufgabe 1 beginnen und die Strophen in die richtige Reihenfolge bringen lassen (Stillarbeit).
– Dann sollte bei geschlossenen Büchern der Schluss erarbeitet (Aufgabe 3 a), b)) und begründet werden (Aufgabe 3 c), d)).
– Daran könnte man die Aufgabe 2 anschließen, die die Struktur der Ballade erarbeiten lässt. Wenn einige Schüler zu sehr auf den tatsächlichen Schluss verweisen, könnte der Auftrag sein, im Sinne gestaltenden Schreibens einen alternativen Schluss zu entwickeln. Die Aufgaben 3 c) und d) behalten in jedem Fall ihr volles Gewicht.

Hinweise zu den Aufgaben

(85) **Aufgabe 1** zu Text 7 (85 f.) ist abhängig von den Überlegungen der Schüler.

(87) **Aufgabe 2:**
a) C B D A F H G E
b) C: Das Publikum erwartet das Kampfspiel.
    Einführung (Exposition): Ort, Personen, Situation
  B D A: Die Raubkatzen betreten den Kampfplatz.
    B: Der Löwe erscheint.
    D: Der Tiger „rennt hervor".
    A: Die Leoparden „stürzen" herein.
    „Ruhe vor dem Sturm": Was wird geschehen?
  F H: Auftritt des Fräuleins Kunigunde: Sie fordert von Delorges einen Liebesbeweis.
    H: wörtliche Rede (!)
      (überraschende Wendung/Spannung)

G E: Auftritt von Ritter Delorges: Er holt den Handschuh aus der Arena.
– Das Publikum spendet Beifall.
– Kunigunde glaubt sich am Ziel, aber ...
  Wie wird der Ritter reagieren?
E: wörtliche Rede (!)

(87) Aufgabe 3:

a) und b) sind abhängig von Überlegungen der Schüler.

c) Schiller lässt Delorges Kunigunde mit „Dame" anreden (vgl. die spöttische Anrede „Herr Ritter" in H, 3). Delorges betont dadurch, dass er zu ihr Abstand halten will.
Die drei Verse bestehen aus einem einzigen Satz. Dadurch wird das rasche und entschlossene Handeln des Ritters betont. Die deutliche Trennung von der „Dame" unterstreichen auch die Schlussworte „... zur selben Stunde".

d) Nach der Exposition (C) erscheinen die Raubkatzen in der Arena, die Leoparden brechen aber den Kampf ab und die „gräulichen Katzen" belauern sich „von Mordsucht heiß" (B-D-A). Der Leser (Hörer) ist gespannt, ob die Katzen aufeinander losgehen werden. Aber nicht sie werden die Akteure im erwarteten Kampfspiel, sondern das Menschenpaar Kunigunde und Delorges (Überraschungseffekt in F: der Handschuh als erregendes Moment). Der Kampf der Adelsdame gegen den Ritter wird eröffnet. Die Überschrift deutet bereits darauf hin, dass etwas Unerwartetes geschehen wird. Der Leser (Hörer) fragt sich von Anfang an, welche Rolle dieser Handschuh spielen wird.

Aufgabe 4 a), b) und c:

B: Das Erscheinen des Löwen
Wortwahl: Adverbiale /Adjektive: „mit bedächtigem Schritt", „stumm", „mit langem Gähnen"
Verben: „tritt", „sieht sich ... um", „schüttelt", „streckt ... und legt sich nieder". Besonders wirkungsvoll sind „mit bedächtigem Schritt", „mit langem Gähnen".
Durch die Wortwahl werden Würde und Gelassenheit des „Königs der Tiere" betont. Die Strophe besteht aus einem Satz, Paarreime verbinden die Aktionen des Löwen, die in ruhigem, fließendem Rhythmus ablaufen.

D: Der Auftritt des Tigers
Wortwahl: Adverbiale/Adjektive: „mit wildem Sprunge", „laut", „scheu", „grimmig schnurrend" (Partizip-verharrend), „murrend" (Partizip-verharrend)
Verben: „rennt hervor", „brüllt", „schlägt", „recket", „umgeht", „streckt sich nieder".
Die anfangs wilde, angriffslustige Großkatze beruhigt sich, beeindruckt vom gelassenen Gegner.
Die Bewegungen des Tigers werden in einem Satz, also in einem Zuge wiedergegeben, der Rhythmus spiegelt die Aktionen des Tieres wider. Betont werden die Aktionen durch die Reimkonstruktion: von einem Gewirr von Kreuzreimen zu Paarreimen und zum umschließenden Reim.

a   b   c   b   d   c   e   e   f   f   d   g   g   h   h   a

A: Das Leopardenpaar
Wortwahl: „stürzen", „mit mutiger Kampfbegier"
Zusammenfassung der Situation: „die gräulichen Katzen", „von Mordsucht heiß"
Die Strophe besteht wieder nur aus einem Satz. Die Verse sind kunstvoll gereimt: a b b c c d e e f f d. Der Rhythmus veranschaulicht die Bewegungen der Katzen.

G: Die Tat des Ritters
Vgl. A: „die gräulichen Katzen" → G: „in den furchtbaren Zwinger"
Zur Wirkung der Wortwahl:
– Die Leichtfertigkeit Kunigundes, die ihren Ritter in Lebensgefahr bringt, wird betont.
– Die Entschlossenheit und der Mut des Ritters erscheinen in noch hellerem Licht.
Auch Strophe G wird von einem einzigen Satz gebildet.
Wortwahl: „mit festem Schritte", „mit keckem Finger"

Reim: a b cc b. Der Rhythmus entspricht den Bewegungen des Ritters.

Schiller erzählt das spannungsvolle Geschehen in acht verschieden langen Strophen (mit ungleichmäßigen Versen), die kunstvoll gereimt sind und in freien Rhythmen die Bewegungen und Spannungen innerhalb und außerhalb der Arena widerspiegeln. Höhepunkte sind die beiden wörtlichen Reden: Kunigunde fordert heraus, Delorges erwidert (kontert) durch Tat und Wort.

(88) **Aufgabe 5:**
a) Kunigunde fordert leichtfertig einen Liebesbeweis. Sie will dem Ritter eine lebensgefährliche Aufgabe stellen und zeigen, welche Macht sie über ihn hat. Delorges muss ja vor den Augen des versammelten Hofes handeln. Oder es wird sich nach ihrer Berechnung zeigen, dass Delorges nicht genug Mut hat und also nicht verdient um ihre Liebesgunst zu werben.
b) Beeindruckt durch die Großkatzen bewundert man den Wagemut und die Entschlossenheit des Ritters. Vielleicht hat das Publikum insgeheim auch Kunigundes Handschuhwurf missbilligt.
c) Delorges verzichtet auf „sein nahes Glück" an der Seite einer Frau, die mit dem Leben des Geliebten spielt. Mit Kunigunde, die in diesem Spiel ihr wahres Wesen enthüllt, will er nicht zusammenleben, denn sie ist gefährlicher als die Bestien im Zwinger.

Aufgabe 6:
a) ist abhängig von den Wertungen der Schüler. In diesem Zusammenhang könnte man über folgende Begriffe sprechen: Held, Heldentat, Heldentum, Eigenschaften von Helden (vgl. Homer, Ilias; Artusepik).
b) direkte Wertungen: „mit festem Schritte", „mit keckem Finger", „gelassen".
indirekte Wertungen:
– „in schnellem Lauf"
– die Wirkung der Tat auf Ritter und Edelfrauen – und auf Kunigunde („mit zärtlichem Liebesblicke")
– das Verhalten und die Worte des Ritters in der Schlussstrophe
c) ist abhängig von den Überlegungen der Schüler.

(88) **Aufgabe 7** zu Text 8 (88):
– das Verhalten des Ritters, nachdem er den Handschuh geholt hatte.
(Über das Geschehen könnte man im Stile eines Gesellschaftsreporters berichten → Schreibt einen Sensationsbericht mit einer Schlagzeile für eine Klatschspalte in einer Boulevardzeitung!)

(88f.) **Aufgabe 8 a), b) und c):**

Ballade als dramatische Erzählung in Gedichtform:

Epische Elemente	Dramatische Elemente	Lyrische Elemente
Erzähler, Handlungsverlauf (Schilderungen, Beschreibungen)	Einzelszenen, spannungsvoller Aufbau, wörtliche Reden (Dialoge)	Strophen, Verse, Reim, Metrum, Rhythmus

(89) **Aufgabe 9:**
Vgl. den Titel des Teilkapitels: „Gespannt bis zum Schluss!" Wie muss man die Ballade vortragen (als Sänger, Rhapsode, Troubadour, Bänkelsänger usw.) um die Zuhörer bis zum Schluss in Spannung zu versetzen?
Durch die Erarbeitung eines sinngerechten und ausdrucksvollen Vortrags (etv. mit verteilten Rollen) wird die dichterische Gestaltung noch einsichtiger. Grundlage des Vortrags sind die Ergebnisse aus den Aufgaben 2–8.

(90–105) # Texte zusammenfassen

Zielsetzung des Kapitels

Die Schüler lernen in der 7. Jahrgangsstufe erstmals die Arbeitstechniken kennen und anwenden, die sie zur schriftlichen Auseinandersetzung mit einem Text brauchen (Erfassen des Inhalts, Herausarbeiten des Wesentlichen mit dem Ziel der knappen Information über den Inhalt, das Ordnen und Verbinden der Informationen zu einem geschlossenen Ganzen). Unter „Textzusammenfassung" versteht die Sprache des Lehrplans die Inhaltsangabe in ihrer elementaren Form. Die Textzusammenfassung ist eingliedrig. In der 8. Jahrgangsstufe wird die zweiteilige Inhaltsangabe gelehrt. In dieser ist der Textzusammenfassung ein Basissatz voranzustellen: eine nochmals zusammengefasste Vorausschau auf den Inhalt des Ganzen. Die Inhaltsangabe der 9. Jahrgangsstufe ist dreigliedrig: der dritte Teil behandelt entweder formalanalytische Fragen oder bringt eine Stellungnahme zur Aussage des Textes. Die Textzusammenfassung als Aufsatzart verlangt von den Schülern Konzentration, Abstraktionsvermögen und genaues Lesen und ist deshalb für viele Schüler der Unterstufe schwierig.

In diesem Kapitel werden zuerst die Unterschiede zwischen Nacherzählen und Zusammenfassen gezeigt (1.). Danach werden die Arbeitsschritte an einem Textbeispiel eingeführt (2.1) und das Schreiben einer Textzusammenfassung erläutert (2.2). Eine Übungsmöglichkeit (2.3) schließt das Kapitel ab.

Literaturhinweis

Über Grundlagen, Anforderungen, Methodik, Unterrichtspraxis und Aufgabenstellung informieren die Handreichungen des ISB München „Schriftlicher Sprachgebrauch" im Deutschunterricht am Gymnasium, Band I: Unter- und Mittelstufe, (Auer Verlag Donauwörth) 1992, S. 105–113.

Textzusammenfassung: 7. Jahrgangsstufe

Texte: überschaubare erzählende Texte, im Zusammenhang mit dem Lernbereich Literatur
  Empfehlung: Textzusammenfassung als letzte Schulaufgabe des Schuljahres.

Fähigkeiten:
– genaues und kritisches Lesen
– Abstraktionsvermögen
– Erkennen von Zusammenhängen
– Konzentrieren auf das Wesentliche
– Reorganisation eines Geschehens
– Lösung vom Stil des zu verkürzenden Textes
– Präsens (Perfekt) als Zeitstufe
– Wiedergabe von Reden und Gesprächen in indirekter Rede und in anderen Formen der Rede- und Gedankenwiedergabe
– Ausschaltung von Empfindungen und Wertungen
– gedankliche Verknüpfung von Handlungsschritten

Aufgabenstellung:
– Fasse den Inhalt dieser Geschichte zusammen. (Stelle dabei eine logische (zeitliche) Reihenfolge her und achte auf Gründe und Folgen des Geschehens (des Verhaltens)!)

Hinweise zu den Aufgaben

1. Nacherzählen oder zusammenfassen?

(90) **Aufgabe 1** zu Text 1 (90):
a) Er will seinen Glücksfund lebendig erhalten und daheim bewahren.
b) Vgl. Ballade als Erzählgedicht.

Aufgabe 2 zu Text 2 (90):
Angaben zum Ort, zur Situation, zu den Absichten des Spaziergängers und vor allem zum Handlungsverlauf hätten die beiden noch machen sollen.

(91) **Aufgabe 3** zu Text 3 (90 f.):
a) Birgit lässt Folgendes weg:
- die Art des Wanderns
- den zufälligen Fund
- den Standort der Blume
- die wörtlichen Reden, den Dialog
- die bessere Idee des Spaziergängers
- den Standort der Blume im Garten

Katja: Erzählstil, Präteritum, wörtliche Rede
Birgit: Sachstil, Präsens, indirekte Rede

b) Wald, (ver)welken, ausgraben, Garten, (ein)pflanzen

Aufgabe 4 zu Text 4 (91):
Z. 5–8:   Begegnung beim Parkspaziergang
Z. 9–12:   Liebe, Begehren ohne Wunsch zur dauernden Verbindung (Heirat), Zögern (Bedenken)
Z. 13–18: eheliche Verbindung
Z. 19 f.: Christiane als „blühende" Gattin

(92–105) 2. Textzusammenfassung

(92–97) 2.1 Vorarbeiten

Den Text erschließen und verstehen

(94) **Aufgabe 1** zu Text 1 (92 f.):
a) Salomo löst eine scheinbar ausweglose Situation durch seine Einsicht in das Wesen einer wahren Mutter.
b) Er hatte nie die Absicht, das Kind zu zerschneiden.
c) Mögliche Aspekte:
- Salomo als biblisches Vorbild eines gerechten Richters
- Hinweis auf die schwierige Aufgabe des Richters, Streitfälle zu schlichten und dabei gerecht zu entscheiden (vgl. Ziel und Mittel)

(94) **Die Handlungsstufen erkennen**

Aufgabe 2:
a) Z. 40–52: Der endgültige Urteilsspruch
b) Im Hause der Frauen:
- Zwei Frauen mit neugeborenen Kindern
- Tod des einen Kindes
- Heimliches Vertauschen der Kinder
- Streit der Frauen

Vor Gericht (im Gerichtssaal):
- Erscheinen der Frauen vor Salomo
- Streit der Frauen
- Befehl, das Kind mit dem Schwert zu teilen (scheinbarer Urteilsspruch)
- Reaktionen der Frauen; Verzicht der Mutter
- Das Urteil

(95) c) Vgl. b; unnötig sind:
- die zwei Frauen auf dem Weg zum König
- der prächtige Thron Salomos
- die Diener, die das Schwert holen

(95) **Den Text in Abschnitte gliedern**

(96) **Aufgabe 3:**
a) und b) sind abhängig von den Überlegungen der Schüler
c) 1. Z. 1–4:   Die Geburt der Kinder
2. Z. 5–7:   Tod eines Kindes
3. Z. 7–9:   Heimliches Vertauschen der Kinder
4. Z. 9–10: Entdecken des Betrugs
5. Z. 10–15: Streit der Frauen um das lebende Kind
6. Z. 16–30: Zum weisen König Salomo
7. Z. 31–39: Streit der Frauen vor Gericht

8. Z. 40–45: Der Befehl, das Kind zu teilen
9. Z. 45–50: Reaktionen der Frauen/Verzicht der Mutter
10. Z. 50–52: Das Urteil Salomos
11. Z. 53 f.: Ehrfurcht vor Salomos Weisheit

Die Abschnitte benennen

(97) **Aufgabe 4:**
a) 1. Z. 1–4
2. Z. 5–7
3. Z. 7–9
4. Z. 9 f.
5. Z. 10–15
6. Z. 16
7. Z. 17–24
8. Z. 25–30
9. Z. 31–39
10. Z. 40–45
(Es fehlen die Reaktionen der Frauen; Z. 45–50)
11. Z. 50–52
12. Z. 53 f.
b) Die Benennungen sind treffend, sie könnten aber einheitlicher formuliert werden, also entweder in Stichworten (Überschriften) oder kurzen Sätzen. (Vgl. Vorübung zum Formulieren von Gliederungspunkten!)

Aufgabe 5:
a) – Abschnitte 7, 8, 12
   – Es fehlen die Reaktionen der Mütter, ohne die das Urteil nicht möglich wäre.
   – Stufe 1 und 2, 3 und 4
b) wichtig: 1, 3, 5, 9, 10, 11
c) ist abhängig von den Benennungen der Schüler. Man sollte darauf achten, dass sie entweder Einzelsätze oder Stichworte (Überschriften) verwenden.

(97) ## 2.2 Die Textzusammenfassung schreiben

Weglassen und Raffen

(98) **Aufgabe 1:**
a) Z. 15–24; 40, 43, 50, (54)
b) Mit sprachlichen Mitteln wird ein eindrucksvolles Bild vom weisen (Z. 16), ernsten (Z. 40), strengen (Z. 43), ruhigen und besonnenen (Z. 50 f.) Richter gegeben. Sein Ruhm in aller Welt, seine Leistung und seine Fähigkeiten werden in den Z. 16–24 geschildert.

(99) **Aufgabe 2 zu Text 3 (98 f.):**
a) Florian und Susanne haben Recht.
b) ist abhängig von den Versuchen der Schüler. („Deshalb" und „weise" fassen den ursächlichen Zusammenhang zusammen.)

Aufgabe 3 zu Text 4 (99):
a) Oliver orientiert sich bei seiner Raffung an den Fragen „Wer? Was? Welche Folgen?".
b) Beispiel: Durch seine (Salomos) Politik wurde Israel so reich, dass der berühmte Tempel gebaut werden konnte.

(100) **Verknüpfen von Sätzen**

Aufgabe 4 a) und b) sind abhängig von den Beobachtungen der Schüler. Vgl. die eine – die andere, Kind, je ein, Verknüpfung durch Adverbialsätze.

Aufgabe 5:
a) Text B arbeitet den kausalen Zusammenhang und die Auswirkung deutlich heraus (kausale Nebensätze, Konsekutivsatz [bzw. Verknüpfung durch Relativadverb mit konsekutivem Wortinhalt; woraus])
b) A) während, als, und, dass
   B) da, (so)dass, woraus, da, weil
c) Sie verwenden Indefinitpronomina (die eine – die andere).

(101) **Ersetzen der wörtlichen Rede**

Aufgabe 6 zu Text 6 (101):
a) Die direkten Reden wurden weggelassen.
(102) b) Die beschreibenden, schildernden Teile wurden gerafft.
c) A ist zu ausführlich.
B ist etwas umständlich.
C ist gelungen.
D ist umständlich und zu ausführlich.
E trifft den Inhalt nicht („zunächst ratlos"?).
F trifft das Wesentliche.
G enthält überflüssige Informationen.
H ist gelungen.

Aufgabe 7:
a) indirekte Rede in A, B, D; Bericht mit eigenen Worten C, E (Konj. I), F, G, H
b) Der Ruf der wahren Mutter und das Urteil des Königs; vgl. die Wiederholung in Z. 48, 52. Auf diesen Ausruf gründet Salomo sein Urteil.

Aufgabe 8:
a) Sie gebe nimmermehr ihr Kind her, ruft sie …
b) Das sei ein Wahnsinn. Ein so fürchterlich grausames Urteil widerspreche dem König, der doch sonst immer so weise richte (auch möglich: richtet), flüstert ein Diener.
c) Man solle einen Ballen besten Leinentuchs holen. Die gute Frau, die sich als wirkliche Mutter erwiesen habe (auch möglich: hat), solle ihr Kind prächtig einkleiden können, ordnet ein Kämmerer an.
d) Das sei wieder einmal ein wahrhaft weises Urteil ihres Königs, raunten sich die Hofdamen zu.

(103) **Texte unterschiedlich stark kürzen**

Aufgabe 9:
Für die Zusammenfassung können Text 5 (Dorotheas Text: 75 W), Text 6/B: 21 W und Text 6/F: 14 W verwendet werden.
Vorschlag zum fehlenden Abschnitt:
Als Salomo den Befehl gibt (befiehlt), das Kind zu teilen (in zwei Teile zu zerhauen/zerschneiden) und jeder Frau eine Hälfte zu geben, verzichtet die wahre Mutter (weinend, unter Tränen) auf ihr Kind und bittet den König (ihn) es zu schonen. Die andere schreit, das Kind solle, wie befohlen, geteilt werden. (Die andere verlangt, dass der Befehl des Königs vollzogen wird/dass man dem Befehl des Königs gehorcht). Daraufhin verkündet Salomo das Urteil. Der Frau solle das Kind gegeben werden, die es habe retten wollen (die nicht wollte, dass es getötet werde.) (Aus diesen Worten erkennt Salomo die wirkliche Mutter und spricht ihr das Kind zu.)

Aufgabe 10:
a) 120 W: Zwei Frauen bringen je ein Kind zur Welt. Als das Kind der einen ums Leben kommt, vertauscht sie die Kinder. Da beide Frauen um das noch lebende Kind streiten und niemand den heftigen Streit entscheiden kann, wenden sie sich an das Gericht König Salomos.
Als beide behaupten die Mutter des Kindes zu sein, unterbricht der König den Streit und lässt ein Schwert holen. Darauf befiehlt er das Kind zu teilen und jeder Frau einen Teil zu geben. Weil eine der Frauen entsetzt Widerspruch gegen diesen Befehl erhebt und auf das Kind verzichtet, erkennt Salomo in ihr die wirkliche Mutter. Der König spricht ihr das Kind zu, da sie aus Mutterliebe ihr Kind habe retten wollen.
b) 80 W.: Zwei Frauen bringen je ein Kind zur Welt. Als das Kind der einen stirbt, vertauscht sie die Kinder. Beide Frauen streiten sich nun um das lebende Kind und wenden sich an den weisen König Salomo. Da beide behaupten die Mutter zu sein, befiehlt der König das Kind mit einem Schwert zu teilen und jeder Frau einen Teil zu geben. Weil eine der beiden auf das Kind verzichtet, erkennt Salomo in ihr die wahre Mutter und spricht ihr das Kind zu.
c) 40 W.: Als sich zwei Frauen vor dem König Salomo um ein Kind streiten, befiehlt der König, es mit dem Schwert zu teilen. Die Frau, die diese Tat verhindern will, erkennt der König als die wahre Mutter und spricht ihr das Kind zu.
d) ergibt sich aus den Zusammenfassungen der Schüler.

e) Beispiele:
- Als zwei Frauen um ein Kind streiten, findet Salomo die wirkliche Mutter dadurch heraus, dass er das Kind teilen lassen will und damit die Mutterliebe auf die Probe stellt.
- Als sich vor König Salomo zwei Frauen um ein Kind streiten und das Kind mit einem Schwert geteilt werden soll, verzichtet die wahre Mutter, und Salomo spricht ihr das Kind zu.

(103–105) 2.3 Training: Textzusammenfassung

(105) Aufgabe 1 zu Text 7 (104):
a) Enttäuschung, humorvolle Resignation, Selbstironie (Vgl. „Humor ist, wenn man trotzdem lacht".)
b) – landschaftlich schöne Ortschaften oder bekannte und beliebte Lokale
   – Es sind keine wirklichen, sondern nur scheinbare Abenteuer, denn auf den Fahrten geschieht ja nichts Ungewöhnliches oder Unerwartetes.
   – Übertreibung/Ironie. „Der Ausbruch" der Wirtin wird vom Erzähler ironisch kommentiert.
c) Ab Z. 22 spricht der Erzähler zum Leser und kommentiert mit mildem Spott.

(105) Aufgabe 2:
Frau Grothe, die Wirtin eines Gartenlokals in der ländlichen Umgebung von Dresden, will an einer der „Fahrten ins Blaue" teilnehmen, die mittwochs und samstags vielen Hausfrauen Abwechslung und Erholung vom Alltag bringen. Die beliebten Kaffeefahrten führen zu unbekannten Zielen auf dem Lande. Da auch Frau Grothe etwas Neues erleben möchte, verabschiedet sie sich an einem Mittwochmorgen entschlossen und abenteuerlustig von ihrem Mann und fährt mit verschiedenen öffentlichen Verkehrsmitteln zum Stübelplatz in Dresden, von wo die Omnibusse nach dem Mittagessen starten. Nach pünktlichem Reisebeginn bietet der Ausflug den Teilnehmerinnen die erwartete Abwechslung und Erholung. Frau Grothe jedoch erlebt eine besondere Überraschung, da das unbekannte Reiseziel ihr eigenes Gartenrestaurant ist. Bei der Ankunft des Busses wird sie von ihrem Mann freudig begrüßt und aufgefordert bei der Bewirtung der Gäste zu helfen.

Weiterführende Anregungen

Zusammenfassung eines poetischen Textes
Der Ring des Polykrates (nach Herodot)

Nachdem Polykrates (seinen Bruder vertrieben und) die Alleinherrschaft über Samos errungen (erreicht, erlangt) hat, schließt er einen Freundschaftsvertrag mit Amasis, dem König von Ägypten.
Danach erweitert (vergrößert, dehnt … aus) er durch erfolgreiche Feldzüge seine Macht
5 (seinen Herrschaftsbereich, sein Reich).
Als Amasis von dem erstaunlichen Glück (von den großen Erfolgen) des Herrschers von Samos (seines Freundes, seines Verbündeten u. Ä.) erfährt, warnt er ihn vor dem Neid (der Missgunst) der Götter und rät ihm deshalb etwas Wertvolles (ein kostbares Gut usw.) zu opfern (um die Götter zu besänftigen, gnädig zu stimmen).
10 Polykrates (Der Tyrann von Samos) gehorcht dem Rat (befolgt den Vorschlag) des Freundes (des Ägypterkönigs) und wirft einen besonders kostbaren Ring ins Meer.
Bald darauf bringt ein Fischer einen besonders schönen Fisch (in den Palast) und übergibt (überreicht) ihn dem Polykrates (dem Herrscher) als Geschenk. Als in diesem Fisch der geopferte Ring entdeckt wird, berichtet Polykrates, der an eine göttliche Fügung glaubt, Ama-
15 sis von diesem Fund (davon). Weil der Ägypter glaubt, dass seine Warnung vergeblich (umsonst) gewesen ist und Polykrates dem drohenden Unheil nicht entkommen (entrinnen, entgehen) kann, beendet er die Freundschaft. (Da erkennt der Ägypterkönig, dass er den Freund vergeblich gewarnt hat. Da er befürchtet, dass Polykrates dem Neid der Götter ausgeliefert ist, beendet er die Freundschaft.)

Zusammenfassung
Text aus: Wiebke von Thadden, Philipp zwischen Kaiser und König,
dtv junior 1989, S. 28 ff. (i. A.)

Das Leben auf der Burg lief nun aber auch rasch auf das Ende von Philipps und Meinhards Kindheit zu; sie waren jetzt dreizehn, und mit vierzehn sollte die Knappenzeit beginnen. Noch war für keinen von beiden über den Ort seiner Ausbildung entschieden, aber für die letzten Monate vor ihrem Beginn waren sie Hannes zu einer vorläufigen Einübung ihrer Waffenkünste anvertraut. Es waren letzte, herrliche Monate der Freiheit, die sie zu Streifzügen und Jagden nutzten.

„Los, Meinhard, komm jetzt endlich!" Philipp stieß den Freund an. „Bis der sich entschließt, einen Fisch zu greifen, ist es dunkel. Wir müssen los. Komm, oder ich reite allein!"

Über eine Stunde hatten sie hinter dem niedrigen Strauchwerk gekauert, das ihnen den Blick auf eine Windung des Bachs weiter unten am Hang freigab. Dort leuchtete es brandrot in der Herbstsonne.

„Gleich, Philipp, gleich! Warte doch noch einen Augenblick! Ruhig, Baran, nur noch einen Moment. Da!"

Blitzschnell hatte der Fuchs dort unten mit der Pfote ins Wasser gelangt und etwas herausgeholt. Jetzt trabte er gemächlich auf die Büsche an der Bachwindung zu und war gleich darauf in einem Nebelstreifen verschwunden.

(…)

Erst jetzt merkte auch Meinhard, dass die Sonnenstrahlen, die eben noch auf dem roten Pelz des alten Fuchses gelegen hatten, die letzten des späten Herbsttages gewesen waren. Jetzt war die Sonne fort, und im Tal unten hatte sich dichter Nebel zusammengebraut, dessen Schwaden rasch zu steigen begannen. Die Dämmerung brach nun schnell herein, und dazu war es plötzlich kalt geworden. In der Luft lag außer dem beißenden, würzigen Geruch des Schwelbrandes im nahen Rodungswald auf einmal auch Frost, der erste Frost des Jahres. Bis zur Burg zurück war es eine gute Stunde zu reiten, und sie hatten Hannes versprochen, vor Dunkelwerden zurück zu sein.

(…)

Hügelabwärts und unten auf dem Talweg ging es anfangs noch einigermaßen voran, aber als sie auf der anderen Seite den weitläufigen Weg zur Burg hinauf einschlugen, war der Nebel so dicht, dass sie die Pferde auf dem unebenen Boden zeitweise in Schritt fallen lassen mussten.

„Es ist wirklich bald dunkel", räumte Meinhard ein, „und kalt ist es schon. Was meinst du, wenn wir sowieso den ganzen Weg im Schneckentempo machen müssen, können wir doch eigentlich die Abkürzung nehmen!"

Die Abkürzung war ein kleiner, felsiger Hügelrücken mit einem schmalen Kammpfad, der eine weite Schleife des Reit- und Fahrwegs zur Burg hinauf abschnitt. Es war den Jungen streng verboten, ihn zu Pferd zu benutzen. Philipp zögerte.

Doch Meinhard verteidigte seinen Vorschlag. „Wir müssten natürlich an den Geröllstellen absitzen", sagte er, „aber wir bekämen damit fast die ganze Zeit wieder rein, die wir mit dem Fuchs vertrödelt haben. Vielleicht sagt Hannes dann gar nichts, denn für den Nebel können wir schließlich nichts."

Philipp kam es weniger darauf an, was Hannes sagte, als darauf, dass er sich Sorgen machte, wenn sie nicht kamen.

Bei den vielen kleinen Fehden und Raubzügen im Lande konnte das leicht heißen, dass etwas passiert war, und Hannes hatte ihnen nur auf ihr dringendes Bitten hin heute nicht die Begleitung mitgegeben, ohne die sie eigentlich nicht ausreiten durften.

So überlegte er einen Augenblick und sagte dann: „Meinetwegen! Aber an den engen Stellen müssen wir wirklich absitzen (und wenn du hinter zehn Füchsen her bist!")

Wenn man vorsichtig ritt, war der Weg eigentlich gar nicht so schlecht, und als die ersten abschüssigen Stellen kamen, saß Meinhard anstandslos ab.

„Es ist halb so wild", sagte er beruhigt, „ich weiß gar nicht, was Hannes gegen den Weg hat!" Und nach einer Weile fragte er vorsichtig: „Meinst du nicht, Philipp, wir könnten hier doch ein bisschen traben? Der Weg ist beinah eben, und meine Hände sind schon so klamm, dass es ganz gut wäre, wir kämen ein bisschen schneller voran."

„Meine auch", erwiderte Philipp, „aber deswegen hier traben? Bist du verrückt?"

Meinhard fügte sich, aber nach einer weiteren Wegstrecke sagte er: „Lass mich vorbei, es geht mir zu langsam."

Philipp machte Platz und Meinhard trabte vorbei. Er trabte auch weiter.

„Wie du willst", rief Philipp ihm nach, wütend auf den Freund und auf sich selber. „Wir sehen uns oben wieder!"

Meinhard verhielt sein Pferd, drehte sich im Sattel um und sagte: „Du traust dich ja bloß nicht!"

„Ich trau mich nicht?!"

Das gefährliche Wort tat auf der Stelle seine Wirkung, denn wenn Meinhard nur unüberlegt war, so war Philipp wirklich jähzornig. „Ich trau mich nicht?"

Er bog auf den schmalen Sturzackerstreifen ein, der an dieser Stelle neben dem Weg herlief. „Komm doch, wenn du dich traust!"

Rasch hatte nun er den Freund überholt, und sie ritten beide eine ganze Weile lang vorsichtig, aber viel zu schnell auf der steinigen Grasnarbe dahin. Solange die Pferde mittaten, konnte ja eigentlich nichts passieren.

70 Schließlich lenkte Meinhard ein. „Es war nicht so gemeint, Philipp, lass uns aufhören, wir sind wirklich verrückt!"

Doch Philipp war ganz genau so querköpfig, wie Hannes es meinte. Er fragte deshalb nur kühl zurück: „Du traust dich wohl nicht mehr?" und spornte Willa voran.

Meinhard hielt mit. Schließlich begann Philipps Zorn zu verrauchen. Dort vorn lief der
75 schmale Ackerstreifen aus, dort konnte auch er nachgeben.

Doch er hatte einen Augenblick zu lange gewartet. Später konnte er nicht mehr sagen, ob an dem, was nun geschah, eine erste eisglatte Stelle am Boden oder sonst ein Hindernis schuld war, oder ob Willa das unsinnige Tempo verweigert und er dagegengehalten hatte – jedenfalls geriet die Stute ins Straucheln, und dabei brach unter ihren Hufen ein Stück Erde weg.
80 Mehr einem Instinkt als einer Überlegung folgend, warf Philipp sich aus dem Sattel und landete hart auf dem Boden. Aber er war schon zu klammgefroren, um sich rasch fortzurollen, und so erwischte ihn ein wirbelnder Hufschlag der stürzenden Stute. Er hörte ein Krachen in seinem linken Oberschenkel und spürte gleich darauf einen irrsinnigen Schmerz; dann war einen Augenblick lang nichts mehr da.

Aufgabe: Fasse den Inhalt dieses Ausschnittes aus dem Jugendbuch zusammen! Achte dabei auf Gründe und Folgen des Geschehens und des Verhaltens der Hauptpersonen!

Übungstext oder Anregung für eine Schulaufgabe

Der Kampf mit Yders

Auf dem Festplatz waren Ritter, Damen und Bürger um die Stange mit dem Sperber versammelt. Herausfordernd blickte Yders' Dame um sich: Natürlich würde ihr auch in diesem Jahr der Sperber wieder zufallen!
5 Erec stieg vom Pferd, hob Enite herab und führte sie an der Hand zu der Stange. Laut schallte seine Stimme über den Platz: „Enite, nehmt den Sperber von der Stange! Euch gehört er, weit und breit ist keine Frau schöner als Ihr!"

Ängstlich streckte sie die Hand aus – da trat Yders hervor und schrie zornig: „Was fällt Euch ein? Diesem Kind in seinen Lumpen sollte der Sperber gehören? Wollt Ihr Euren
10 Spott mit uns treiben? Meiner Dame steht er zu. Tretet zurück!"

Enite weinte, aber Erec stellte sich mannhaft dem Wütenden in den Weg: „Herr, so ist es nicht ausgemacht! Zwei Jahre lang habt Ihr den Sperber zu Unrecht genommen. Jetzt soll er wirklich der Schönsten gehören!"

Das ganze Volk drängte sich um die beiden: „Das Mädchen ist wirklich schön! Viel edler
15 und lieblicher als Yders' geputzte Dame! Ihr gehört der Sperber!"

Erec fuhr fort: „Ihr müsst mit mir kämpfen, Herr, wenn Ihr diesem Fräulein den Sperber nicht gönnt!"

„Du junger Kerl, meinst du, ich kämpfe mit Knaben? Aus dem Weg!"

Aber Erec ließ nicht locker. „Ich bin gekommen, um Enites Recht zu erkämpfen. Macht
20 Euch bereit!"

Die Knappen des Herzogs trieben die Zuschauer zurück, der weite Platz war leer zum Kampf. Erec flüsterte Enite zu: „Habt keine Angst! Stellt Euch zum Herzog und freut Euch, dass hier für Euch gestritten wird!"

Sie ritten gegeneinander an, mit solcher Wucht, dass beider Speere zersplitterten. Der Stoß
25 war so gewaltig, dass Erecs schwerer Schild Yders an den Kopf prallte. Das hatte dieser noch nie erlebt! Erec erhielt einen neuen Speer, wieder stießen sie aufeinander zu, dass die Pferde in die Knie brachen, aber beide blieben im Sattel. Noch viermal berannten sie einander, dann gelang es Erec, Yders vom Pferd zu stoßen. Sorgsam wendete er sein Pferd, um den Gestürzten nicht zu verletzen, und rief über den Schildrand der weinenden Enite zu:
30 „Seid ruhig, Fräulein! Ich kämpfe für eine gerechte Sache! Mir ist um den Sieg nicht bange!"

Nun begann der Schwerterkampf zu Fuß, der kein Ende nehmen wollte. Erec musste sich tüchtig wehren, und einmal brach er von einem Schlag gegen den Helm in die Knie, erhob sich aber zugleich wieder und ließ sein Schwert auf Harnisch und Schild seines Gegners
35 sausen. Keiner von beiden gab nach, doch als der Kampf immer länger dauerte und die Mittagssonne auf sie herunterbrannte, wurden ihre Arme lahm, ihre Streiche fielen immer matter.

Da schlug Yders vor: „Lasst uns ausruhen, Herr. Wir streiten jetzt so, dass es eines Ritters nicht würdig ist. Wir müssen neue Kräfte sammeln, damit die Zuschauer sehen, dass wir
40 wahre Kämpfer sind!"

Erec war es recht, beide setzten sich ins Gras und schöpften tief Luft. Die Leute, die ringsum standen, flüsterten: „Wer wird siegen? Ob der junge Held den starken Yders wirklich besiegt?"

Während sie so im Grase saßen, dachte Erec an den Zwerg und seine Beschimpfung – das
45 erfüllte ihn mit ungebärdigem Zorn, und als sie den Kampf wieder aufnahmen, fielen seine Streiche so dicht und schwer, dass er Yders zu Boden zwang!

Er kniete sich zu dem Gestürzten, band ihm den Helm ab und schwang drohend das Schwert, als ob er ihn töten wolle. Da flehte Yders:

„Junger Held, lasst mir doch das Leben! Was habe ich Euch getan, dass Ihr meinen Tod wollt?"

„Und wolltet Ihr nicht meinen Tod ebenso? Hättet Ihr mich geschont, wenn Ihr gesiegt hättet? Euer Übermut, den hier alles Volk seit Jahren kennt, ist endlich gestraft. Ihr habt Euch nicht als guter Ritter erwiesen."

„Aber Euch habe ich doch nichts zuleide getan, dass Ihr mir nun ans Leben wollt!"

„Habt Ihr vergessen, was mir Euer Zwerg zugefügt hat? Wisst Ihr nicht, dass er ein Mädchen der Königin Ginevra und mich selbst mit der Peitsche geschlagen hat?"

Da sagte Yders kleinlaut: „Es tut mir leid, ich bekenne, dass ich Unrecht getan habe, und biete Euch Sühne an."

„Dann schenke ich Euch das Leben", sprach Erec und ließ den Ritter, der immer noch am Boden lag, schwören, dass er als Buße alles tun werde, was Erec von ihm verlangte. Yders gelobte es und konnte nun endlich aufstehen.

„Ihr sollt zu meiner Königin reiten und Euch als ihr Gefangener melden. Ihr habt ihr bitteres Unrecht angetan – von ihr müsst Ihr Euer künftiges Geschick bestimmen lassen! Und den Zwerg gebt mir zur Bestrafung. Er wird es schwer zu büßen haben, dass er sich so roh betragen hat."

Was blieb dem stolzen Yders übrig – er musste wohl oder übel in Erecs Bedingungen einwilligen, und als er noch zögerte, zum Artushof aufzubrechen, mahnte Erec ihn, sofort seinen Bußgang zu tun. Trübselig ritt Yders davon, seine Dame mit hängendem Kopf hinterher. Der Zwerg aber wurde zur Strafe ausgepeitscht und musste noch froh sein, dass man ihm das Leben ließ.

(Aus: Artussagen, neu erzählt von Ulla Leippe, Fackelverlag Stuttgart o.J., S. 175–177)

(106–113) # Jugendbuch:
In einem Kurzvortrag den Inhalt vorstellen

Zielsetzung des Kapitels

Das Sprachbuch Verstehen und Gestalten bietet in den Bänden für die Unterstufe den Lehrgang „Vom Vorstellen von Jugendbüchern (5) und Sachbüchern (6) zum Kurzvortrag über den Inhalt eines Jugendbuches (7)" und führt dabei die Arbeitsschritte und Arbeitstechniken ein, die zur Vorbereitung und zum Vortrag eines übersichtlich gegliederten und wirkungsvollen Kurzreferats in der Mittelstufe benötigt werden. In der 7. Jahrgangsstufe steht u. a. das Zusammenfassen des Inhalts und das Gliedern des Vortrags im Mittelpunkt, da im Bereich des schriftlichen Sprachgebrauchs die Textzusammenfassung als Aufsatzform eingeführt und geübt werden soll.

Hinweise zu den Aufgaben

(106–108) ### 1. In einem Kurzvortrag den Inhalt eines Jugendbuchs vorstellen: Was gehört dazu?

(106) **Aufgabe 1** zu Text 1 (106) und Text 2 (107):
a) Erschließen heißt sich mit dem Text vertraut machen, ihn verstehen (vgl. 53 ff., 152 ff.).
b) Vgl. die Schlüssel zur Erschließung (71):
Ort, Zeit, Handlung, Personengestaltung, Gestaltungsmittel (sprachliche Gestaltungsmittel) und ihre Wirkung.

(107) **Aufgabe 2** zu Text 3 (107):
Vorschläge zur Erschließung eines umfangreichen Buches:
Herr Schindler: „Buch ... ein zweites Mal ... langsamer" und „genauer" durchlesen.
Jenny: „... neben die Kapitelüberschriften ... eine kurze Zusammenfassung des Kapitels schreiben"!
(Benjamin: „ein kleines Bild" zum Inhalt; fraglich)
Giorgio: Buchstaben an den Rand (H, P, S)
Weitere Möglichkeiten:
– Stichworte zu Ort(en), Zeit und wichtigen Erzählschritten am oberen Seitenrand eintragen!
– Markierungen mit verschiedenen Farben, z. B.
  zu verschiedenen Personen,
  zu verschiedenen Handlungssträngen,
  zu wichtigen Schauplätzen,
  zu besonderen Gegenständen u. a.
Die Aufgabe verlangt eine Bewertung („besonders sinnvoll") durch die Schüler.

(108) **Aufgabe 3** zu Text 4 (108):
a) Zur Ausführlichkeit (vgl. Textzusammenfassung): Die Zuhörer müssen das Wesentliche über den Inhalt erfahren (vgl. die W-Fragen!).
Zu Hauptpersonen und Darstellungsweise: Informationen, die zum Verständnis des Inhalts und der Wirkung des Buches wichtig sind.
b) 1. Autor, Titel, (Preis, Verlag, Erscheinungsort, Erscheinungsjahr)
2. Überblick über den Inhalt:
   – Angaben über Ort(e) und Zeitraum der Handlung
   – Hauptpersonen und ihre Beziehung zueinander
   – Überblick über den Handlungsverlauf / wichtige Probleme und Konflikte
3. Eigenes Textverständnis (mit Hinweisen zu den Gestaltungsmitteln und zur Wirkung des Buches)
4. Empfehlung bzw. Würdigung des Buches als Abschluss

(109) ## 2. Für die Vorbereitung: Eine Gliederung anfertigen

(109) **Aufgabe 4** zu Text 5 (109):
a) Nicht sinnvoll sind die Gliederungspunkte 2 und 8, aus Punkt 6 müssten zwei Gliederungspunkte werden (Aufbau – Gestaltung), Punkt 2 eventuell mit Punkt 4 vereinigen und beide nach (oder vor) Punkt 3 stellen.
b) Vgl. Aufgabe 3 b!
Zur Reihenfolge: 1, 3, 5, 6, 4, 7
c) Vorschlag
Kurze Teile: 1, 4, 7
Relativ ausführlich: 3, 5, 6

Zu **Aufgabe 5 a), b)** sind keine Angaben nötig.

(109–112) ## 3. Ausarbeiten einzelner Abschnitte des Vortrags

(110) **Aufgabe 6** zu Text 6 (109):
a) Spielraum für Urteile der Schüler
Wirkungsvoll kann ein anschaulicher Einstieg sein (Karte, Titelbild), der die Zuhörer neugierig macht und ihre Aufmerksamkeit erregt.
b) Spielraum für Vorschläge der Schüler
Vgl. Heldenepos, Abenteuerroman: Szene(n) aus dem Epos, Bild des Helden, der Hauptfigur (vgl. Winnetou u. Ä.)
Reiseroman: Landkarte, Reiseroute
Sciencefiction: fantastische Maschine usw.

(111 f.) **Aufgabe 7** zu Text 7 (110) und Text 8 (110 f.):
a) Hinweise zu Daniel in Text 8: Daniel steckt voller Einfälle, ist schlagfertig und weiß sich zu helfen. Die Schule scheint er nicht allzu ernst zu nehmen.
Verhältnis zu den Eltern: Schwierigkeiten scheint es nur wegen der Schulleistungen Daniels zu geben. Wie sein Gesprächsverhalten zeigt, hat er keine besondere Angst vor seinen Eltern und verhält sich dem Vater gegenüber taktisch geschickt. Die gezielten Bemerkungen der Mutter scheint er zu überhören. (Vgl. Z. 23 ff., Z. 34–42, Z. 49 f.)
Verhalten der Eltern:
Vater: Z. 15–18, 28 ff.
Daniels Vater spricht im Stile eines strengen Erziehers, verlangt präzise und exakte Antworten und beharrt auf dem Thema „Schulleistungen". Er wird „ungeduldig" (Z. 22) und macht seinem Sohn Vorwürfe (Z. 32 f.). Die Mutter stellt „spitze" Fragen (Z. 20), die das Entscheidende treffen, und unterstützt die Einstellung des Vaters (Z. 41). Sie verfügt allerdings über die notwendige Distanz (Z. 52).

(112) b) – Es wird aus der Sicht Daniels erzählt (mit Kommentaren des Erzählers, z. B. in Z. 4–7).
– Die innere Handlung besteht im Wesentlichen aus Daniels Gedanken und Empfindungen, z. B. Z. 1–4, 16 f., 24 ff., 34 ff., Z. 49 f.
Die Stimmung des Vaters wird aus Daniels Sicht wiedergegeben. Was die Mutter denkt, lässt sich aus ihrer Frage (Z. 20), ihrem Einwand (Z. 40) und ihrem Blick (Z. 52!) erschließen.
c) Jakob beurteilt Daniel und die Familiensituation im Wesentlichen richtig (Z. 1, 4). Dass Daniel der Mittelpunkt des Buches ist, hat er klar erkannt (Z. 10 ff.).
Veränderungen:
Bei diesen schulischen Leistungen ist die Abneigung der Eltern gegen Daniels Drachenleidenschaft nicht „merkwürdig" (Z. 2 f.).
Vielleicht könnte Jakob den Ideenreichtum und die Schulschwierigkeiten Daniels noch klarer erläutern. Sinnvoll wäre auch eine kurze Charakteristik der Eltern.

(112 f.) ## 4. Gedächtnisstütze während des Vortrags: Der Stichwortzettel

Zu **Aufgabe 8** sind keine Hinweise nötig, sie leitet zu den folgenden Aufgaben über. Jakob weiß noch nicht, wie er beim Vortragen formulieren will, ihm stehen die richtigen Worte noch nicht zur Verfügung. Was den Inhalt und den Aufbau seines Vortrags angeht, so wäre er allein auf sein Gedächtnis angewiesen, und das könnte ihn in der Anspannung leicht im Stich lassen.

Aufgabe 9:
Ein als Text ausgearbeiteter Vortrag verführt zum Ablesen. Ein derartiges Vorlesen wirkt langweilig, da die Zuhörer nicht angesprochen und beteiligt werden. Mündlicher und schriftlicher Sprachgebrauch unterscheiden sich deutlich. (Vgl. mündliche und schriftliche Erzählungen und Berichte!)
Stichwortzettel als möglichst übersichtliche Gedächtnisstütze
– zum Inhalt des Vortrags
– zum Aufbau des Vortrags
– zur Orientierung während des Vortrags (Regieanweisungen).

(113) **Aufgabe 10 a), b), c)** ist abhängig von den Versuchen der Schüler.

(113) 5. Den Vortrag besprechen

Aufgabe 11 — Zu diesen Aufgaben sind keine Angaben nötig.
Aufgabe 12 — Sie sind abhängig von den Vorträgen der Schüler, die jetzt das Gelernte
Aufgabe 13 — praktisch anwenden und Erfahrungen sammeln sollen.

Es empfiehlt sich, die bei Aufgabe 12 genannten Fragen nacheinander und in der vorgeschlagenen Reihenfolge stellen zu lassen.

(114–120) **Theater spielen**

Zielsetzung des Kapitels

Dieses Kapitel setzt das in den Bänden 5 und 6 Begonnene fort (vgl. Rollen und Szenen spielen). Es sollen die darstellerischen Fähigkeiten der Schüler weiter gefördert werden. Dabei wird der Einsatz außersprachlicher und bühnentechnischer Mittel erprobt und über ihre Wirkung nachgedacht. Das Entwerfen von Spieltexten (Dialogisieren) und das Planen der Rollendarstellung bereitet auf eine möglichst praxisbezogene Dramenlektüre in der Mittelstufe vor und führt Grundbegriffe zur Dramenlehre ein.

Hinweise zu den Aufgaben

(114–116) **1. Theater ohne Text: Pantomime**

(114) **Aufgabe 1:**
a) und b) Vgl. die Versuche und Beobachtungen der Schüler.

Aufgabe 2:
a) und b) Vgl. die Beobachtungen und Versuche der Schüler.

(115) **Aufgabe 3** ist abhängig von den Überlegungen und den Pantomimen der Schüler.

Aufgabe 4 a), b), c), d):
Die Aufgaben geben Vorschläge, Pantomimen an Beispielen zu üben.
Zum Üben pantomimischen Spiels:
– alle Bewegungen sehr langsam ausführen,
– alle überflüssigen Bewegungen weglassen,
– den Ablauf der Bewegungen bedenken und kontrollieren,
– Bewegungen mehrfach üben, bis sie ganz sicher ablaufen.
(Literaturhinweise im Lehrerband zu B 6, S. 31)

(116–120) **2. In Szene setzen**

(117) **Aufgabe 1** zu Text 1 (116 f.) ist abhängig von den Eindrücken der Schüler.

Aufgabe 2:
Mimik, Gestik und Sprache müssen hier zusammenwirken. Die Schüler werden viele Schwierigkeiten aufzählen, z.B. alle Namen und Zahlenangaben, Hinweise auf Vergangenes (z.B. Z. 9), alle Erwägungen und Argumente (z.B. Z. 22f. und Z. 33f.).

Aufgabe 3:
a) und b) Spielraum für Einfälle und Vorschläge der Schüler (Wohnzimmer mit kleinbürgerlicher Ausstattung, Alltagskleidung)

(117f.) **Aufgabe 4:**
a) und b) Vgl. Regieanweisungen:
Z. 3: überrascht, erfreut
Z. 6: beugt sich zum Käfig, lockende Gesten
Z. 8f.: Vgl. „Valentin" auf S. 117 (Bild)
Z. 18f.: erstaunt, bestürzt
Z. 22: ärgerlich
Z. 32: vorwurfsvoll
Z. 37: lockend, ärgerlich, zornig drohend
Z. 42: beschwichtigend, besänftigend
Z. 48: mit zunehmender Wut
Z. 50: freudig und wichtigtuerisch, belehrend
Z. 51: entschieden ablehnend, unversöhnlich

Dialogverlauf:
Valentin bringt begeistert
das günstig erworbene Geschenk. ⟶ freudige Reaktion der Frau
V. will den sprechenden Papagei
vorführen.
Verwunderung über das Schweigen ⟵ Die Frau findet Gründe
(fremde Umgebung).

V. bekommt Zweifel an der Fähig-
keit des Vogels und bereut den Kauf. ⟵ Frau stimmt zu und wird ärgerlich über
die hohe Ausgabe.

V. verteidigt den Vogel und
versucht weiter Lora zum Sprechen ⟶
zu bringen.
⟵ Frau sucht wieder Gründe für das
Schweigen des Vogels (Heiserkeit, Größe
des Käfigs),
macht V. dann aber Vorwürfe wegen
⟵ der sinnlosen Ausgabe.

V. versucht vergeblich den Papagei
mit Zucker zum Sprechen zu bewe-
gen und beginnt zu schimpfen. ⟵ Frau will seinen Ärger dämpfen.
V. unternimmt einen letzten, vergeb-
lichen Versuch und gebraucht eine
drastische Aufforderung. ⟷ Der Papagei kontert entsprechend.
⟵ Die Frau fühlt sich bestätigt.

Valentin zeigt sich unversöhnlich.

(118) **c) und d)** Vgl. die Versuche der Schüler.

(118) **Aufgabe 5 zu Text 2 (118):**
a) Der Bub als Anfänger (Z. 3–5): groteske, unbeholfene Bewegungen ⟶
Spott und Schadenfreude der Zuschauer: Der lernt es nie!

Der Bub als Experte und Könner (Z. 12–14) ⟶
Verblüffung, Erstaunen, Sprachlosigkeit der Zuschauer. Der Bub hat sie hinters Licht ge-
führt und sie verspottet (auf gut bayerisch: „verarscht").

b) Vgl. Valentins mühsame Versuche den Papagei zum Sprechen zu bringen und den
Schluss der Szene. Valentin ist unversöhnlich, weil ihn der Papagei auf den Arm genommen („verarscht") hat.

Zu **Aufgabe 6** sind keine Hinweise notwendig.

(119) **Aufgabe 7:**
a) Der Bub und verschiedene Zuschauer, die sich über den Schlittschuhläufer unterhalten.
(Spielraum für Vorschläge der Schüler)
b) Monolog (vgl. die Sachinformation), Sprechen zum Publikum (Vorausdeutung, Rückblick, Kommentar)
c) Dialoge, Ausrufe, Fragen, Mimik, Gestik (Regieanweisungen)
d) Z. 2 f., Z. 4, Z. 8–12

Aufgabe 8:
Monolog: Gedanken, Absichten des Jungen
Dialog: Ausrufe, Fragen, Kommentare der Zuschauer zu den Aktionen des Jungen

Aufgabe 9 a) und b): Spielraum für Einfälle der Schüler

Aufgabe 10 und 11 a), b): Vgl. die Dialogisierung und das Spiel der Schüler.

(121–146) # Erzählen

Zielsetzung des Kapitels

Dieses Kapitel setzt im Wesentlichen die Erzählmuster, die den Schülern aus den beiden Eingangsklassen des Gymnasiums vertraut sind, auf anspruchsvollerer Ebene fort und ergänzt sie durch schildernde Erzählformen. Im 1. Kapitel werden die Schülerinnen und Schüler durch den Rahmen zu den „Geschichten aus tausend und einer Nacht" dazu angeregt, über Anlass und Wirkung spannenden, ausdrucksvollen Erzählens nachzudenken und dadurch die erzählerischen Mittel bewusster zu gebrauchen. Kapitel 2 führt über ein literarisches Vorbild zum Schildern hin, zeigt die besonderen erzählerischen Mittel und gibt Hinweise und Anregungen zu eigenen Schreibversuchen. Danach sollen die Schüler beim Ausgestalten von Erzählkernen, Umschreiben von Textvorlagen, Erfinden von Parallelgeschichten Freude am Schreiben gewinnen und ihre gestalterischen Fähigkeiten freier entfalten. Zum Abschluss lernen sie Sciencefiction-Geschichten kennen und werden zu eigenen Versuchen in dieser Gattung angeregt.

Literaturhinweis

Über Grundlagen, Anforderungen, Methodik und Unterrichtspraxis informiert Kap. 2.3 in den Handreichungen des ISB München, „Schriftlicher Sprachgebrauch" im Deutschunterricht am Gymnasium, Band I: Unter- und Mittelstufe, (Auer Verlag Donauwörth) 1992, S. 59–62. Hinweise zum gestalterischen Schreiben sind in Kap. 11 zu finden: 11.3.2 Erzählen, S. 205 ff.

Hinweise zu den Aufgaben

(121–124) ### 1. Wozu wirkungsvoll erzählen?

(121) **Aufgabe 1** (zum Bild):
a) Vgl. Augen, Mund, vorgebeugte Köpfe.
  Redewendungen: Sie hängen an den Lippen des Erzählers. Sie sind von seinen Worten gebannt, gefesselt.
  Begriffe: Erzähltalent, Erzählkunst, erzählenswert
  Eine Anregung könnte auch die Erzählung der Elsa Sophia Baronin von Kamphoevener sein, wie sie „berechtigter türkischer Märchenerzähler" wurde. (An den Nachtfeuern der Karawan-Serail, Märchen und Geschichten alttürkischer Nomaden, erzählt von Elsa Sophia von Kamphoevener, Christian Wegner Verlag Hamburg 1963, 2 Bde).
b) Mimik und Gestik spiegeln Erregung, innere Beteiligung und Spannung der Erzählerin wider. Sie ist von ihrem Erzählstoff erfüllt, von ihrem Thema inspiriert (vgl. die Inspiration des Sängers im Epos durch die Muse bzw. durch Apollo).
  Zu den „Geschichten aus tausend und einer Nacht":
  Die Märchensammlung „Tausendundeine Nacht" geht auf das persische Buch „Die tausend Erzählungen" (8. Jh.) zurück, das indische und persische Geschichten enthielt und in Bagdad ins Arabische übersetzt wurde (10. Jh.). Die Sammlung vermehrte sich in der Folgezeit aus dem Märchenbesitz der mohammedanischen Völker und wurde zu einem Denkmal islamischer Weltanschauung und Kultur. Vom 14. Jh. bis 16. Jh. erhielt die Sammlung die Anordnung, in der sie von dem Orientalisten Jean-Antoine Galland (1646–1725) ins Französische übersetzt wurde und Europa eroberte. (Nach KLL)

(122) **Aufgabe 2** zu Text 1 (121 f.):
a) Aladins Wunderlampe, Ali Baba und die vierzig Räuber, Sindbad der Seefahrer – Sammlung von über 300 Märchen, Novellen, Legenden, didaktischen und humoristischen Erzählungen, Anekdoten, Fabeln, Parabeln und Liebesgeschichten, ausgeschmückt mit über tausend Gedichten und Versen.
b) Scheherasade, der klugen Tochter des Wesirs, gelingt es, mit ihren über 1001 Nächte fortgeführten Erzählungen die Aufmerksamkeit des Sultans derart zu fesseln, dass er ihr das Leben schenkt.

Aufgabe 3 ist abhängig von den Einfällen der Schüler. Mögliche Gedanken: vgl. Text 1, Z. 19: Vielleicht erzählt der Sultan in Gedanken weiter und ist gespannt, ob seine Version mit Scheherasades Geschichte übereinstimmt.

Aufgabe 4:
- Mit innerer Anteilnahme erzählen!
- Mimik und Gestik einsetzen!
- Die Zuhörer einbeziehen und ansprechen!

Aufgabe 5:
a) ist abhängig von den Kenntnissen der Schüler, z. B. Vorausdeuten, Andeuten, ausführliches Gestalten spannender Stellen, Verzögern usw.
b) Stichworte: Gestik, Körperhaltung, Beispiele, Reden, Präsens, innere Handlung, lange Handlungstreppe, H. ausgestalten, Schluss (Spannung) verzögern

(124) **Aufgabe 6** zu Text 2 (123):
a) Matthias war von der Erzählung seines Opas gefesselt.
b) Das persönliche Verhältnis wird enger, da man sich besser kennen lernt.
c) Claudia erzählt fiktive Geschichten, Markus und Ulrike erzählen von ihren Erlebnissen. Claudias fiktive Geschichten orientieren sich an schriftlichen Vorlagen, Markus und Ulrike erzählen, wie es ihnen gerade einfällt und „wie ihnen der Schnabel gewachsen ist".
d) und e) sind abhängig von den Einfällen der Schüler.

Zu **Aufgabe 7** sind keine Hinweise nötig.

(125–134) 2. Beim Erzählen schildern

(125–127) 2.1 Von guten Erzählern lernen

(126) **Aufgabe 1** zu Text 3 (125) ist abhängig von den Vermutungen der Schüler.

Aufgabe 2: Zu der Situation und zur Verfassung der Kinder passen eigentlich keine wörtlichen Reden. Die Autorin schildert die äußere Umgebung, die Landschaft.

Aufgabe 3:
a) – Antonio ruft sein Kind und deutet auf eine Baumgestalt. (Z. 3 f.)
– Eugenio nimmt den Vater an der Hand und will ihm etwas zeigen. (Z. 6 f.)
– Obwohl die Mutter ruft, zerrt Eugenio den Vater weiter. (Z. 10–14)
– Eugenios Freunde tauchen auf und reagieren nicht auf die Späße Antonios. (Z. 18 f.)
– Der Vater sieht die Gesichter der Knaben. (Z. 24)
b) – Sie antworten nicht auf Antonios Späße.
– Sie bleiben wie gelähmt sitzen.
– Ihre Gesichter sind „grünbleich".
Aus ihrem Verhalten, ihrem Aussehen und durch den Eindruck, den Antonio von ihnen hat, wird deutlich, dass die Buben etwas Schreckliches gefunden haben müssen.

(126) **Aufgabe 4:**
Mit den Personen sehen wir
an Menschen: Z. 4 ff.: Verhalten Eugenios, die Mutter am Fenster (Z. 12 ff.), Eugenios Reaktion (Z. 12 ff.), Verhalten der Buben (Z. 18/20 f.), das Aussehen der Buben (Z. 24)
in deren Umgebung: Z. 13 („auf dem schmalen Pfad ..."), den See, das Ufer (Z. 14–16), neben einer Baumwurzel ... (Z. 22 f.)
in deren Vorstellung: „wilde, handfeste Buben" in der Vorstellung Antonios (Z. 19), „wie gelähmt" (Z. 21: Eindruck Antonios), Z. 25 f.: Gedanken Antonios

(126 f.) **Aufgabe 5:**
a) – Wirkung von Geräuschen
– Eindruck, den ein Verhalten macht (Wertung)
– Gefühl, das durch einen Vergleich ausgedrückt wird (kalt wie Eis)
– Eindruck, den Bewegungen machen
b) Z. 9, 10, 20, 24
c) Der Leser wird neugierig: Warum sind Eugenios Finger eisig?

(127) **Aufgabe 6:**
a) Z. 23–26
b) Er ist von dem Entsetzlichen, das er gesehen hat, (innerlich) noch völlig verstört und kann das Grausige sprachlich nicht in den Griff bekommen und ausdrücken. Die Autorin steigert die Spannung.
c) Die Vorausdeutungen steigern sich vom verstörten Verhalten Eugenios zur ungewöhnlichen Reaktion der Buben und zum Blick des Vaters zur Baumwurzel und auf die Gesichter der Knaben.

(127) **Aufgabe 7:**
a)

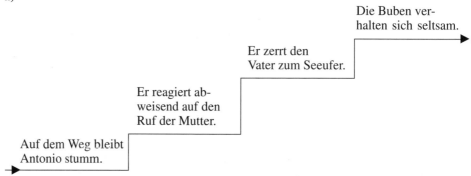

b) Stimmungselemente in der Landschaftsbeschreibung: Farben, Licht, unheimlicher, drohender Eindruck
Was ist an diesem Ort geschehen?
c) Er zerrt den Vater zum Seeufer.
Schilderung der Eindrücke, die die Landschaft auslöst, Gedanken des Vaters
d) ist abhängig von den Vorstellungen und Einfällen der Schüler.
Fortsetzung in der Erzählung „Der schwarze See" in „Lange Schatten", Erzählungen, dtv 11941, S. 62:
„Er befahl dem kleinen Antonio stehen zu bleiben und machte ein paar rasche Schritte auf die Baumwurzel zu, in der in der Tat etwas Schauriges steckte, nämlich der auf brutalste Weise in das Holz gezwungene nackte Leib eines Menschen, eines Menschen ohne Kopf. ..."

(128 f.) ## 2.2 Was heißt „schildern"?

(128) **Aufgabe 8:**
a) Mittelalter: Schilder herstellen und bemalen (urspr. konkreter Wortinhalt)
b) 18. Jh.: Übertragung – Schildern als stimmungsvolle Art des Malens

(128 f.) **Aufgabe 9 a), b), c), d):** hängen ab von den mitgebrachten Bildern. Die Erlebnisse werden durch Bildmaterial anschaulicher und eindrucksvoller. Man kann sich das Erzählte besser vorstellen.

(129–134) ## 2.3 Beim Erzählen schildern: Wie geht das?

(129 f.) **Aufgabe 10 a), b)** zu Text 4 (129):
Spielraum für Vorstellungen und Überlegungen der Schüler, z. B. zu
a) Abschiedsschmerz, wehmütige Erinnerungen an vergangene gemeinsame Erlebnisse am neuen Wohnort usw.
b) Erleichterung des Abschieds, weitere Kontakte zu Freundinnen und Freunden

(130) **Aufgabe 11** zu Text 5 (130):
a) zu Text A:
Zeit (Datum, Uhrzeit), äußere Umstände (Jahreszeit/Wetter), Stimmung (Beobachtungen, Eindrücke von der Umgebung, Momentaufnahmen: Sichtbares, Geräusche), Beschreibung der eigenen Situation (äußere Merkmale: Schultasche, Fahrrad), Gefühle und Gedanken beim Abfahren
zu Text B:
Gedanken an den Zustand der neuen Wohnung in Bremen, Umzugsvorbereitungen in Augsburg, mulmiges Gefühl vor dem letzten Schultag in der 7b, ungemütlicher Schulweg (deutlicher Zusammenhang zwischen äußeren Umständen und innerer Verfassung: Beobachtungen, Gefühle, Geräusche)
b) A: unpassend Z. 5–10, 13–17, Z. 19
c) Z. 20–23: Diese Stimmung kommt zu spät. Sie wirkt nach der langen Einleitung aufgesetzt.
d) Er nimmt das Entscheidende schon vorweg, seine Schilderung verliert an Wirkung.

(131) **Aufgabe 12:** Spielraum für Einfälle der Schüler
Mögliche Aspekte: Mischung von Freude, Rührung (Geschenk) und Wehmut (Abschied von Menschen und Orten); Lösung der Spannung: Aufbruchstimmung, Umzugsnervosität, Erwartungen und Hoffnungen

Aufgabe 13:
a) 1. Stufe, 4. Stufe
b) 2./3. Stufe
c) Spielraum für Einfälle der Schüler, z. B. Tina blickt mit gesenktem Kopf nach draußen, versucht ihre Tränen zu unterdrücken, schluchzt usw.
Vorschlag: Tina (Sie) hatte sich aus dem Trubel im Hof zurückgezogen. Mit den Händen umklammerte sie zwei Gitterstäbe des Pausenhofzaunes und starrte hinaus auf die Straße. Traurig hatte sie den Kopf gesenkt und sie ließ die Schultern hängen. Wir sahen an ihren zuckenden Bewegungen, dass sie versuchte ihr Weinen zu unterdrücken. Wie ein Häuflein Elend stand sie in der Ecke ...

(131 f.) **Aufgabe 14:**
a) Sehen: 1, 2, 3, 5, 10, 11, 17
Hören: 9, 12, 13, 16
Schmecken: 18
Riechen: 14
Fühlen/Tasten: 4, 6, 7, 8, 15
b) 1. Bewegung (Verben)
2. Farben (zusammengesetzte Adjektive, Vergleiche)
3. Wahrnehmungen (Substantive)
4. Fühlbare Eigenschaften (Adjektive)
5. Zustände (Verben)
6. Gewicht (zusammengesetzte Adjektive, Vergleiche)
7. Äußere Form (Substantive)
8. Wärmeempfindungen/Gefühle (Adjektive)
9. Geräusche (lautmalende Verben)
10. Farben/Farbschattierungen (zusammengesetzte Adjektive)
11. Teile des Gesichts (zusammengesetzte Substantive)
12. Geräusche/Wirkung (Adjektive, Partizipien)
13. Geräuschwirkung (Verben)
14. Gerüche (Partizipien)
15. Äußere Form (Adjektive)
16. Ausdruck von Empfindungen (Verben)
17. Lichtwirkungen (Adjektive, Partizipien)
18. Geschmacksempfindungen (Adjektive)
c) Spielraum für Einfälle der Schüler

(132) **Aufgabe 15:** Spielraum für Einfälle der Schüler
Beispiele:
– Das Haus sah aus wie ein Schloss.
– Seine Stimme hörte sich an wie das heisere Krächzen eines Raben.
– Die Flüssigkeit schmeckte wie abgestandene Zitronenlimonade.
– Sein schwarzer Hut erinnerte an einen Zylinder.
– Die Dame duftete wie eine Blumenwiese/wie ein Friseursalon.
– Seine Haut fühlte sich an wie Sandpapier.
– Seine Nase war vergleichbar mit dem Schnabel eines Adlers.

Die **Aufgabe 16 a), b), c)** ist abhängig von den Einfällen und Erlebnissen der Schüler.

Aufgabe 17 gibt verschiedene Übungsmöglichkeiten zur Schilderung (Hausaufgabe oder schriftliche Übungen in der Schule).

(135 f.) ## 3. Erzählkerne ausgestalten

Aufgabe 1 zu Text 1 (135):
Orte: Ingolstadt (Autobahnraststätte), Autobahn München–Hof
Zeit: 20. Oktober, am späten Nachmittag
Personen: vierzigjähriger Münchner, Sohn Oliver (Vorschulalter)
Spannung: Vater entdeckt während der Fahrt das Fehlen seines Sohnes.
oder: Das Kind, das den Vater gesucht hat, findet das Auto nicht mehr.
Höhepunkt: Überlegungen, die zur Umkehr führen: Sorge/Angst – Anruf von einer Raststätte aus – Erleichterung: Der Bub ist dort!
oder: Angst/verzweifelte Suche – Suche nach Hilfe in der Raststätte

Aufgabe 2: Spielraum für Einfälle der Schüler, z. B.
a) Suche nach dem Vater, Aufsuchen der Toilette
(136) b) Vorschulalter; unternehmungslustig, aber doch ängstlich

c) Angst, Verzweiflung, Weinen, Suche nach Hilfe
d) Herbststimmung, Dunkelheit, Regenwetter, Lichtspiegelungen auf dem Rastplatz, grelles Scheinwerferlicht, Unruhe/Hektik in der Autobahnraststätte

Aufgabe 3:
Mögliche Handlungsschritte:
- Fahrt von München nach Ingolstadt
- Einschlafen im Auto
- Erwachen auf dem Rastplatz
  (Verzögerung durch Schilderung möglich)
- Suche nach dem Vater (dabei auch Schilderung möglich)

- Das Auto ist weg!
- Verzweifelte Suche nach Hilfe (außerhalb und innerhalb des Rasthauses/der Tankstelle)

- Anruf des Vaters in der Raststätte
- Glückliches Wiedersehen

Beispiel: Ein Schüler/Eine Schülerin (12 J.) erzählt: Dieses Erlebnis hatte ich, als ich noch in den Kindergarten ging.
Am 20. Oktober ... wollte mich mein Vater von München aus zu meiner Großmutter bringen, die in Bayreuth wohnt. Am späten Nachmittag fuhren wir los. Da ich schon recht müde war, legte ich mich auf den Rücksitz und schlief ein.
Plötzlich wachte ich auf. Verdutzt rieb ich mir die Augen. „Das Auto steht ja", dachte ich verwundert. „Sind wir in einem Stau?" Wo war denn mein Vater? Ängstlich blickte ich hinaus. Das Auto stand auf einem Parkplatz. In der Dunkelheit, die immer wieder von Scheinwerferlicht unterbrochen wurde, erkannte ich die Umrisse von Autos. Anscheinend eine Raststätte an der Autobahn. Etwas weiter entfernt sah ich Lichter aus großen Fenstern. „Wahrscheinlich ist Vater auf die Toilette gegangen", beruhigte ich mich. Das war auch für mich eine günstige Gelegenheit. Entschlossen kletterte ich aus dem Auto und ging auf die Lichter zu. Es war wirklich eine Raststätte und ich sah auch schon das WC-Schild. Als ich aber in der Toilette meinen Vater nicht finden konnte, lief ich schnell zu unserem Parkplatz zurück. Doch wo war das Auto? ...
Aufgabe: Ergänze den fehlenden Höhepunkt und den Schluss!

Aufgabe 4a) und b) ist abhängig von den Funden der Schüler.

(137–140) ## 4. Texte umschreiben

4.1 Den Ausgangstext verstehen

(137) **Aufgabe 1** zu Text 7 (137):
a) Ameise: Fleiß, Vorsorge, solide Lebensführung
   Grille: Leichtsinn, Lebensfreude, mangelnder Ernst, fehlendes Pflicht- und Verantwortungsgefühl
b) ist abhängig von den Gedanken der Schüler.
c) Vorschläge:
   Sorge vor für Notzeiten!
   Lebe nicht nur für den Augenblick, sondern schau voraus!
   Bestrafter Leichtsinn!
   Wer nur für den Augenblick (in den Tag hinein) lebt, wird es in Notzeiten büßen.
   (Zur Moral: vgl. 4.5: Künstlertum – bürgerliche Lebenshaltung)

4.2 Die Geschichte ausgestalten

(137 f.) **Aufgabe 2** zu Text 7 (137):
a) Im Winter schleppte ich aus dem Versteck Korn zum Trocknen, das ich im Sommer eingebracht hatte. Da bat mich die Grille, denn sie hatte anscheinend großen Hunger: „Gib mir davon, sonst muss ich kläglich umkommen." (..., ich sollte ihr davon geben, sonst müsse sie kläglich umkommen.) Ich fragte sie: „Was tatest du denn im Sommer?" (..., was sie denn im Sommer getan habe.) Die Grille antwortete: „Da war ich sehr beschäftigt, sang und sang immer." (..., sie sei sehr beschäftigt gewesen und habe immer gesungen und gesungen.) Und ich lachte, meinen Vorrat wegschließend: „Sangst du im Sommer, tanze nun im Frostwetter!" (..., sie habe im Sommer gesungen, nun solle sie im Frostwetter tanzen.

Aufgabe 2a) kann zur Übung oder Überprüfung der indirekten Rede verwendet werden.

b) An einem schönen Sommertag begegnete die Ameise, die mühsam ein Getreidekorn schleppte, der Grille. Diese tanzte hin und her, sang, zirpte in den höchsten Tönen und lachte dabei: „O du Törin, warum plagst du dich denn so? Schau, die Sonne scheint so warm! Das Wetter ist so herrlich! Genieße dein Leben! Sei nicht dumm! Singe und sei fröhlich!" „Es wird sich noch herausstellen, wer hier eine Törin ist", brummte die Ameise und schleppte das Korn in ihr Versteck.

(138) **c)** Spielraum für Einfälle der Schüler
Folgende Fragen könnten ihnen Anregungen geben:
– Was fühlt die Grille, wenn sie frieren und hungern muss?
– Wie wirkt die Umgebung im Winter, wenn man friert und hungrig ist?

(138) ### 4.3 Die Perspektive wechseln

Aufgabe 3:
Vorschlag für eine Fabelerzählung aus der Sicht der Grille:
An einem schönen Sommertag genoss ich mein Leben und wollte alle an meiner Freude teilhaben lassen. Die Sonne lachte! Golden leuchtete das Getreide! Singend tanzte ich auf dem Weg und jauchzte voller Lebenslust. Plötzlich sah ich, wie die Ameise sich schwitzend und schnaufend mit einem reifen Getreidekorn abschleppte. Da sie mir Leid tat, rief ich ihr zu: „Du arme Törin, was plagst du dich denn so? Sei nicht dumm, freu dich des Lebens!" „Es wird sich noch herausstellen, wer hier eine Törin ist", brummte sie und schleppte ihr Korn weg. „Unfreundliche Person", dachte ich und tanzte, in den höchsten Tönen zirpend, weiter.
Bald aber wurde mir schmerzlich klar, dass die Ameise Recht gehabt hatte. Als der Winter hereinbrach und tiefer Schnee und klirrender Frost alles Leben bedrohten, kroch ich hungernd und frierend auf demselben Weg dahin wie im Sommer. Auf einmal erblickte ich die Ameise, die sich wieder mit einem Getreidekorn plagte. Halbtot vor Hunger und Kälte flehte ich sie an: „Gib mir davon, sonst muss ich kläglich umkommen." „Denke an meine Worte im Sommer!", sagte die Ameise. „Mit so einer leichtsinnigen und faulen Person wie dir habe ich kein Mitleid."

4.4 Die Geschichte weiterschreiben

Aufgabe 4 ist abhängig von den Einfällen der Schüler.
Mögliche Einfälle:
– Die Grille bietet der Ameise an, sie mit ihrem Gesang zu erfreuen. Auf diese Weise könne man gemeinsam den langen, langweiligen Winter besser überstehen.
– Aus Not wird die Grille zur Verbrecherin. Sie folgt heimlich der Ameise und raubt ihr den Kornvorrat. Die Ameise büßt so ihre Hartherzigkeit.

4.5 Die Lehre (Moral) ändern

Aufgabe 5: Spielraum für Argumente der Schüler
Vgl. Aufgabe 1:
Die Fabel stellt bürgerliche Lebenshaltung dem Künstlertum gegenüber, sie spiegelt die verachtende Haltung der ehrbaren, soliden Leute gegenüber den unsoliden, herumziehenden Spielleuten wider, die brotlose Kunst betreiben und vor denen man sich hüten sollte. Dass diese Orientierung an materiellen Gütern und Werten keine Achtung vor künstlerischen Fähigkeiten und Werten kennt, macht die Fabel deutlich.

Aufgabe 6:
a) Ein anderes Tier könnte sich an die künstlerischen Leistungen der Grille und an die Freude erinnern, die sie im Sommer anderen durch ihr Singen bereitet hat. Deshalb könnte es die Grille einladen, den Winter in seiner warmen Behausung zu verbringen. Als Gegenleistung für Speise und warmes Quartier soll die Grille für Unterhaltung sorgen.
b) Vorschlag:
Eine Haselmaus beobachtete, wie hartherzig die Ameise auf das Flehen der Grille antwortete. Mitleidig huschte sie zu der Grille, die sich verzweifelt in den Schnee gelegt hatte um zu sterben. „Komm, steh auf!", sagte sie freundlich. „Achte nicht auf diese eigensüchtige Person, die nur an ihr Fressen denkt! Du hast mir durch dein Singen im Sommer immer wieder Freude bereitet und meine Sorgen gelindert. Begleite mich in meine Höhle! Dort liegt genug Nahrung für uns beide. Durch meine Vorräte und mit deinem Gesang werden wir gemeinsam den kalten, langweiligen Winter überstehen." Da

schöpfte die Grille neuen Lebensmut und seufzte dankbar: „Also ist meine Kunst doch nicht überflüssig. Ich will dir meine schönsten Lieder singen."

Aufgabe 7 ist abhängig von den ausgewählten Geschichten. Vorschläge aus dem Sprachbuch: Text 4 (62), Text 7 (85), Text 1 (92), Text 7 (104), Text 2 (118)

(140) ## 5. Parallelgeschichten schreiben

Aufgabe 8 zu Text 4 (140)
a) Parallelen: mühevolle Arbeit, um Vorräte für den Winter zu gewinnen
b) Aus der Ameise wurde die Familie des Bauern Sun Shi, deren Mitglieder gemeinsam für den Lebensunterhalt arbeiten.
c) ist abhängig von den Überlegungen der Schüler.
Die Lehre der ursprünglichen Fabel steht im Mittelpunkt.

(140f.) d) ist abhängig von den Einfällen der Schüler:
Eine oder mehrere Personen, die als Kontrast zur Bauernfamilie dienen können (Gegenspieler), müssen erfunden werden.
e), f), g) Zu diesen Alternativaufgaben sind keine Hinweise nötig.

(141f.) **Aufgabe 9 a) und b)** gibt Übungsmöglichkeiten (evtl. vor einer Schulaufgabe).

(142–146) ## 6. Fantastische Geschichten erzählen: Sciencefiction-Geschichten schreiben

6.1 Wirklichkeit und Fantasie

(142) **Aufgabe 1:**
a) Realistisch: Konflikt(e) und Lehre(n)
Fantastisch: sprechende und denkende Tiere
b) Realistisch: historischer Hintergrund, Personen
Fantastisch: Eigenschaften und Fähigkeiten der Personen, Ausschmückungen, mythisches Weltbild

Aufgabe 2 zu Text 5:
a) D/B – C – A
b) ist abhängig von den Entscheidungen der Schüler.
  A: sehr martialisch und einfallslos (Häufung von Action)
  B: guter, ausbaufähiger Einfall, aber etwas übertrieben
  C: übertrieben, sprunghaft, zu viele
  D: anschaulich, Zusammenhang aber etwas unklar
  (Soll ein Zusammenhang zwischen der Suppe und der Tätigkeit des Roboters bestehen oder liefert er nur den Küchenzettel? Die Fragen an den Roboter sind etwas einfach.)

Aufgabe 3:
Realistisch: Kind, Milchflasche
Fantastisch: Roboter als Säuglingsschwester

(143) ### 6.2 Eine fantastische Welt erfinden

(144) **Aufgabe 4:**
a) Roboter m. „Maschinenmensch; (ugs. für:) Schwerarbeiter": Eine junge Bildung des 20. Jh.s zu dem heute nicht mehr üblichen Robot w. „Frondienst" (spätmhd. robate), das aus gleichbed. tschech. robota stammt (vgl. poln. robota „Arbeit") (Duden 7, S. 572)
b) Mensch:
  – Unterscheiden des Wesentlichen vom Unwesentlichen
  – Verstehen der Bedeutsamkeit von Handlungen
  – Gefühle haben (c)
  – mit Fantasie neue Wege entwickeln
  – Verstehen von Gefühlen (c)
  – Ausnahmen machen
  – Empfindlichkeit (c)
  – Lernfähigkeit
  – Fingerspitzengefühl

- vergessen können
- Schönheit wahrnehmen (c)
- ungefähres Einschätzen von Mengen, Größen, Formen
- logische Schlüsse ziehen (c)

Roboter:
- Präzision, Schnelligkeit, Ausdauer, Zuverlässigkeit, Kraft
- vielfache Wiederholung der gleichen Tätigkeit ohne Qualitätsverluste
- Schall, Licht, Gewicht, Entfernung messen
- Speichern bzw. Erinnern
- für Vollständigkeit und Lückenlosigkeit sorgen

c) Spielraum für Vorstellungen der Schüler (vgl. b)

Aufgabe 5 ist abhängig von den Vorstellungen der Schüler.

(145) ### 6.3 Sciencefiction-Geschichten schreiben

Aufgabe 6 in Verbindung mit Text 6 (145):
a), b), c) Spielraum für Einfälle und Fantasie der Schüler

(146) **Aufgabe 7** und
Aufgabe 8 a), b), c) geben den Schülern Gelegenheit, ihre Fantasie und ihre erzählerischen Fähigkeiten zu entfalten.

Weiterführende Anregungen

Beispiel einer Schulaufgabe (Klassenarbeit, Klassenaufsatz)

> **Erzählen und Schildern**
>
> Gestalte *eine* der drei folgenden Meldungen (Berichte aus Zeitungen) zu einer Erlebnisschilderung! Beachte dabei die Aufgabenstellung!
> Überlege: Was hat der Erzähler/die Erzählerin gesehen, gehört, gefühlt usw.?
> Wem und bei welcher Gelegenheit könnte er/sie das Erlebnis erzählen?

Aufgabe 1: Erzähle, wie der Bär gefangen wurde! Finde eine wirkungsvolle Überschrift! Überlege zuvor, in welcher Form und aus welcher Sicht du erzählen willst!

> **LINZ (dpa)** – Ein in freier Wildbahn lebender Braunbär hat die Bewohner des österreichischen Dorfes Steinbach am Ziehberg (südlich von Linz) in Angst und Schrecken versetzt.
> Seit Tagen treibt er listig sein Unwesen direkt vor ihren Haustüren, reißt Haustiere und macht sich schnell wie Nurmi wieder davon. Verschiedene Fallen, wie Netze oder ein totes Schaf als Köder, umging er. Die Dorfbewohner fordern den Tod des Bären, Tierschützer nur seine Gefangennahme.

Aufgabe 2: Setze diese Geschichte fort und erzähle, wie der/die Schatzsucher/in und Wrackexperte/in sein/ihr Ziel erreicht! Finde eine wirkungsvolle Überschrift! Du kannst die Erzählweise selbst wählen.

> Harry* E. Rieseberg, amerikanischer Experte für verschollene Wracks, entdeckte das Wrack schließlich eingeschlossen zwischen Korallenwänden. Vorsichtig tappte der Taucher um die sägescharfen Korallenzacken, stets auf der Hut, seinen Luftschlauch nicht an den Zacken aufzuschlitzen. Plötzlich spürte er eine Berührung – jemand klopfte ihm auf die Schulter.
> (* Du kannst einen weiblichen Vornamen einsetzen.)

Aufgabe 3: Erzähle aus der Sicht des Hausbesitzers/der Hausbesitzerin! Finde eine wirkungsvolle Überschrift!

Hausbesitzer(in) verscheucht Dieb

(utz). Auf frischer Tat ertappt hat gestern Nachmittag ein Hausbesitzer* in der Gabelsbergerstraße einen unbekannten Einbrecher. Der Täter hatte an der Türe geläutet und war dann, als niemand öffnete, mit einem Nachschlüssel in das Haus eingedrungen. Der Wohnungsinhaber, von Geräuschen aufgeschreckt, überraschte den Einbrecher.

(* eine Hausbesitzerin)

(147–151) **Medien**

Zielsetzung des Kapitels

Wie auch in den ersten beiden Bänden des Sprachbuchs wird im Kapitel „Medien" das Ziel verfolgt, die Schüler zu kritischen Medienbenutzern zu erziehen und ihnen Anregungen für den vernünftigen Umgang mit Medien zu geben (vgl. Medien- und Freizeiterziehung!). Zu Beginn weist eine Umfrage, die in einer Schulklasse durchgeführt wurde, auf unterschiedliche Mediengewohnheiten hin und regt zum Gespräch darüber an. Danach werden den Schülern Schaubilder präsentiert, die über die Ergebnisse weiterer Umfragen (Lieblingsmedium, Leseerwartungen, Wege zur Literatur), die an Gymnasien im Großraum München durchgeführt wurden, informieren. Bei der Untersuchung dieser Materialien sollen sie die grafische Gestaltung verschiedener Arten von Diagrammen (Torten-, Kästchen-, Stabdiagramm) kennen lernen und sich, indem sie die Schaubilder verbalisieren und auswerten, kritisch mit ihrem Informationsgehalt auseinander setzen.

Hinweise zu den Aufgaben

(147) **Medien- und Freizeitgestaltung**

Aufgabe 1 zu Text 1 (147):
a) und b) fordert zur Umfrage in der Klasse und zum Vergleich auf, aus dem sich ein Gespräch über die eigenen Mediengewohnheiten entwickeln soll.
Freizeitgestaltung in 7 a:
– Hören von Lieblingsmusik
– Betrachten von Sachbüchern (über Dinosaurier)
– Anschauen von Spielfilmen im Fernsehen
– Schmökern im Lieblingsbuch
– Spielen am Computer
– Basteln von Bumerangmodellen
– Treffen mit Freundinnen

(147 f.) **Aufgabe 2:**
Zu a), b), c), d), e) sind keine Angaben möglich.

(148) **Aufgabe 3** zu Text 2:
Susanne weist wohl darauf hin, dass sie Sendungen überlegt auswählt und nicht wahllos alles Angebotene konsumiert.

(148 f.) **Aufgabe 4** regt die Schüler zu einer (möglichst überlegten und geordneten) Diskussion über ihre Mediengewohnheiten an. (Vgl. 1.2 Fair diskutieren: Diskussionsregeln, 14 ff.)

(149) **Aufgabe 5** zu Text 3 (149):
Die Fortsetzung des Gesprächs hängt von den verschiedenen Schülerbeiträgen ab.
Monas Aussage deutet auf die vielfältigen Leseerlebnisse hin, z. B. Auseinandersetzung mit der eigenen Lebenswirklichkeit, Kennenlernen vergangener Zeiten, Erfahrungen über Schicksale von Menschen usw.

(150) **Aufgabe 6** zum Tortendiagramm (149):
a) Die Klasse 7 a besteht aus 25 Schülern.
Die erste Zahl zeigt an, wie viele Schüler das betreffende Medium gewählt haben, die zweite Zahl bezeichnet den Prozentanteil.
b) Das Ergebnis ist wohl fragwürdig, da die Schüler sich für ein Medium entscheiden mussten. Die meisten werden mehrere Medien benutzen. Die Vorliebe dürfte auch von dem wechselnden Angebot der Medien bestimmt werden.
Differenzierte Informationen sind durch derartige Umfragen kaum zu bekommen.
Die Zahl der Befragten beträgt 25. Das ist für eine aussagekräftige Umfrage sehr wenig.

(150 f.) **Aufgabe 7** zu Tabelle 2 (150):
a) Zu den Zahlen in den Kästchen: Prozentzahlen
Zu der Breite der Kästchen: Veranschaulichung der Unterschiede durch grafische und optische Mittel.

Die Mädchen bevorzugen interessante Themen, die sie persönlich angehen, die Jungen legen anscheinend mehr Wert auf Spannung.
b) ist abhängig von den Wertungen und Erwartungen der Schüler.
c) ist abhängig von den Stellungnahmen der Schüler und ihren Vorstellungen von einem Jugendbuch. Sie werden wohl ein Jugendbuch als ein Buch bezeichnen, das für Jugendliche geschrieben ist und das auf ihre Interessen und sprachlichen Fähigkeiten Rücksicht nimmt.

Zur Geschichte des Jugendbuches und seinen vielfältigen Formen informiert:
Gisela Wilkending, Kinder- und Jugendbuch, in: Themen – Texte – Interpretationen Band 10, herausgegeben von Hans Gerd Rötzer, Bamberg (C.C. Buchners Verlag) 1987

Aufgabe 8: Zu dieser Aufgabe sind keine Hinweise sinnvoll, da die Schüler ihre eigenen Erfahrungen austauschen sollen.

Aufgabe 9 zu Tabelle 3 (151):
a) Zeichnungen der Schüler
Zu **b)** und **c)** sind keine Hinweise nötig.

Das Stöbern in Buchhandlungen oder Bibliotheken wird bei Schülern im ländlichen Bereich keine so große Rolle spielen können. Das Diagramm informiert über Gewohnheiten und Erfahrungen von Schülern im Umkreis einer Großstadt.

Tabellen und Schaubilder müssen unter einer bestimmten Fragestellung ebenso auf ihren Aussagegehalt hin analysiert werden wie eine verbale Quelle. Das sollte den Schülern bewusst werden. Gleichzeitig dienen solche Tabellen und Diagramme als Muster, um in anderem Zusammenhang (und in anderen Fächern wie G und SK) selbst geeignete optische Darstellungsverfahren zu entwickeln. Die Schüler könnten aus verbalen Texten selbst Skizzen oder Statistiken anfertigen und sie zur Veranschaulichung von Sachverhalten verwenden (vgl. Kurzvortrag/Kurzreferat).

Das Stabdiagramm (auch „Säulendiagramm" genannt) erleichtert besonders den Vergleich der verschiedenen Sachverhalte, das Tortendiagramm macht besonders gut die Aufteilung einer Gesamtheit sichtbar.

(152–163) # Sachtexte erschließen und bewerten

Zielsetzung des Kapitels

In diesem Kapitel sollen die Schüler lernen, Sachtexten aus dem Bereich „Schrift, Buch, Medien" Informationen zu entnehmen und den Informationswert von Sachtexten zu beurteilen. Dabei werden Arbeitstechniken des orientierenden und intensiven Lesens, des Ordnens und Herausfilterns der wichtigsten Informationen demonstriert und geübt. Die zweckmäßige Anlage eines Stichwortzettels und das Auswählen von Anschauungsmaterial hilft den Schülern bei der Vorbereitung eines Kurzreferats.

Hinweise zu den Aufgaben

(152–158) ### 1. Sachtexte verstehen – Informationen herausfiltern

(154) **Aufgabe 1** zu Text 1 (152–154):
a) Es geht um die Versuche der Menschen, ihr Gedächtnis durch verschiedene Zeichen zu unterstützen und die damit verbundene Entstehung und Entwicklung eines Zeichensystems für den schriftlichen Sprachgebrauch. Der Text stellt also Vorstufen des Alphabets vor. Er informiert über die Entwicklung der Schrift von einfachen Merkzeichen über die Gegenstands- und Ideenschrift bis zur Wortsilbenschrift.
b) ist abhängig von den Kenntnissen der Schüler.
Literaturhinweise für interessierte Schüler:
– Hans Baumann, Die Höhlen der großen Jäger, Ravensburger Tb. Bd. 57
– Ders., Die Welt der Pharaonen, Ravensburger Tb. Bd. 35
– Ders., Im Lande Ur, Ravensburger Tb. Bd. 229
– Ders., Gold und Götter von Peru, Ravensburger Tb. Bd. 151
Zum persischen Großkönig Darius: vgl. Herodot, Historien IV, Kap. 97/98:
Dareios (522–486 v. Chr.) zieht mit seinem Landheer gegen die Skythen. Den Istros (die Donau) überquert das Heer über eine Schiffsbrücke, die zuerst abgebrochen werden soll, dann aber den Joniern (Bewohner der kleinasiatischen Griechenstädte) zur Bewachung anvertraut wird.
Zu den Sumerern, einem Volk, das um die Mitte des vierten Jahrtausends nach Mesopotamien aus dem Osten kam: Heute liegen weit mehr als tausend sumerische Schrifttafeln und Fragmente vor, die aus der Zeit um 3000 v. Chr. stammen. Es kann angenommen werden, dass die Sumerer die Schrift erfanden.
Knappe, schülergerechte Informationen sind in „Geschichte für Gymnasien" 6, R. Oldenbourg Verlag München 1992, S. 55 zu finden.
Die anderen Fachbegriffe können aus dem Zusammenhang erschlossen und erklärt werden.

(154) **Aufgabe 2:**
a) ist abhängig vom Urteil der Schüler.
Zu Z. 7–12: Hier hat Miriam wahllos unterstrichen. Die übrigen Unterstreichungen sind sinnvoll.
b) Z. B. Z. 20, 23f., 26, 28f., 33f., 37f., 41, 46f., 50, 70, 74f., 76f., 82

Aufgabe 3:
Abschnitt 3 (Z. 31–44): Ideenschrift bei Sumerern und Ägyptern
Abschnitt 4 (Z. 45–69): Weiterentwicklung der Ideenschrift durch das Prinzip der Phonetisierung
Abschnitt 5 (Z. 70–82): Entstehung der Wortsilbenschrift

Zu **Aufgabe 4** sind keine Angaben nötig.

(155) **Aufgabe 5** zu Text 2, Stichwortzettel A und B (155):
Nataschas Stichwortzettel B ist übersichtlicher und weist eine sinnvolle Gliederung auf, er könnte aber noch überlegter eingeteilt werden (Absätze). Es lässt sich diskutieren, ob Z. 4f. und Z. 10 überflüssig bzw. unnötig sind.
Stefan bietet ein rechtes Durcheinander und verliert sich in Einzelheiten.

Verbesserungsvorschlag:
Vorstufen der Schrift:
- Gedächtnisstützen (Knoten, Quipus, Kerbhölzer)
  ⟶ Gegenstandsschrift
- Grundidee, Mitteilungen/Erlebnisse durch gemalte Zeichen oder Bilder festzuhalten (vgl. Piktographien der Naturvölker!)
  ⟶ Ideenschrift
- Entwicklung einer ausgefeilten Ideenschrift bei Sumerern und Ägyptern

Aufgabe 6:
Die Zeichnungen geben Beispiele zu den Ausführungen im Text.
Besonders eindrucksvolle Beispiele kann man auswählen um sie bei einem Kurzvortrag zur Veranschaulichung einzusetzen.

Aufgabe 7 ist abhängig von den Stichwortzetteln der Schüler.
Vorschlag:
Von der Ideenschrift zur Wortsilbenschrift
Nachteile der Ideenschrift: Zu viele Wörter konnte man nicht eindeutig durch ein oder mehrere Bilder wiedergeben.
Lösung dieses Problems nach dem Prinzip der Phonetisierung:
- Mehrkonsonantenzeichen (Ägypter): Konsonantenfolge eines Wortes als ein Zeichen (ohne Vokale!)
- Deutezeichen, um Bedeutung festzulegen
Schwierigkeit bei der Phonetisierung: nicht auf alle Wörter anwendbar.
Lösung:
- Nicht nur ganze Wörter, sondern auch Silben werden durch Bilder ausgedrückt.
- Aus mehreren Silbenbildern werden Wörter zusammengesetzt.
  ⟶ Wortsilbenschrift,
  z. B. Hieroglyphen: „heilige Zeichen" der ägyptischen Schrift.

(156) **Aufgabe 8** zu Text 3 (156 f.):
a) Der Weg zu unserem Alphabet
  1. Entstehung der Keilschrift bei den Sumerern:
     - Zeichen mit Griffel in weichen Ton gedrückt
     - Zeichen verlieren ursprüngliche Umrisse ⟶ kleine Keile
     - Übernahme der sumerischen Keilschrift durch andere Völker im Zweistromland
  2. Schriftsystem der Ägypter mit drei verschiedenen Zeichenarten:
     - Zeichen für ein Wort
     - Zeichen, die Silben bedeuten
     - Zeichen für einen einzelnen Konsonanten
  3. Erfindung einer reinen Konsonantenschrift durch die Phöniker
     - Volk an der syrischen Mittelmeerküste
     - Handel mit den Ägyptern
     - Beschränkung auf 22 Konsonantenzeichen
  4. Phönikisches Alphabet nach Griechenland (um 1100 v. Chr.):
     Übernahme und Ergänzung des Alphabets
     - durch Einführung der Vokalbezeichnungen
     - durch Erfindung eigener Zusatzbuchstaben
     Um 450 v. Chr.: Griechisches Alphabet mit 24 Buchstaben
     (⟶ slawische Schriften, z. B. russische Schrift)
  5. Im 7. Jh. v. Chr.: Lateinisches Alphabet aus dem griechischen Alphabet entwickelt
b) - Mesopotamien (griech.: mésos: mitten, der mittlere; potamós: Fluss): das Land zwischen den Flüssen Euphrat und Tigris (heute: Irak)
   - Phöniker: Syrien, Libanon, Israel, vor allem Libanon: vgl. Beirut (phön. Berytos); die Stadtstaaten von Tyros, Sidon, Berytos, Byblos und Arados waren Mutterstädte der phönikischen Kolonisation im westlichen Mittelmeerraum, vgl. Karthago.

(158) **Aufgabe 9:**
a) Tanja hebt den entscheidenden Schritt, den die Phöniker getan haben, nicht deutlich genug heraus.
b) Eine derartige Stammtafel veranschaulicht in übersichtlicher Weise die Entwicklung des Alphabets. Sie kann den Stichwortzettel nicht ersetzen. Den Zuhörern hilft sie Informationen besser zu verstehen und zu ordnen.

Aufgabe 10:
a) Ähnliche Buchstaben: A, B, (Δ), E, Z, I, K, M, N, O, (Σ), T, Y
   Unterschiedliche Buchstaben: Γ, H, Θ, Λ, Ξ, Π, P, φ, X, Ψ, Ω
b) Θ, X, Ψ, Ω. Griech. P = lat. R (!)
c) Die ersten beiden Buchstaben geben der Buchstabenreihe den Namen.

(159) ## 2. Sachtexte bewerten

Kriterien (Vorschlag):
– Verständlichkeit: Wortwahl, Satzbau, Umgang mit Fachbegriffen
– Ergiebigkeit / Informationswert
– Anschaulichkeit
– Angemessenheit des Stils

(159–161) ## 3. Training: Sachtexte erschließen

(161) **Aufgabe 11** zu Text 4 (159–161):
Von der Tontafel zur Diskette
Antike / Mittelalter:
– Schrift als Kunst von Fachleuten: ausgebildete Schreiber, Priester, Mönche
– Beschreibstoffe: Steine, Knochen, Ton- und Wachstafeln, Papyrus (in der Antike am meisten verwendet), Leder und Pergament (in Europa bis ins 15. Jh. bevorzugt!)
Veränderung der Situation im 15. Jh.:
– Erweiterung des Schriftverkehrs (staatl. Verwaltung, Kaufmannskontore / Buchführung)
– Bedarf an billigen, Platz sparenden Beschreibstoffen: Papier statt des seltenen und teuren Pergaments
– Erfindung der Lettern aus Metall durch Gutenberg
– Voraussetzung für maschinell betriebenen Buchdruck
– schnelle und weite Verbreitung von Geschriebenem
Zur Herstellung von Papier:
– dünnflüssige Masse aus Fasern verschiedener Herkunft in Verbindung mit Wasser
– Ausbreiten der Masse auf ein Sieb
– Ablaufen des Wassers
– Verfilzung der zurückbleibenden, trocknenden Fasern zu einer vom Sieb abnehmbaren Schicht
– Trocknen der abgenommenen Bogen
– Herstellen eines schreibfesten Zustandes durch Leimen oder Glätten
– Zuschneiden
Geschichte der Papierherstellung:
China ⟶ Araber (Spanien) ⟶ Mitteleuropa:
1392 erste Papiermühle Deutschlands in Nürnberg ⟶ Ende des 15. Jh.s: Bedarf an Papier konnte durch deutsche Papiermühlen gedeckt werden.
⟶ Siegeszug des Buches (seit 18. Jh. auch Zeitschriften)
Konkurrenz für das Buch in den 80er-Jahren des 20. Jh.s:
– Computer und Diskette/CD-Rom
– neue Formen der Informationsbeschaffung und -vermittlung
– neue Techniken der Datenspeicherung und -übertragung; weitere Möglichkeiten?

(161) **Aufgabe 12:**
Das Bild beschreibt das Gießen der Lettern, die Vorbereitungen zum Druck, den Druck der Seiten, das Auflösen der Bindfäden um die Wörter, damit die Buchstaben (Lettern) für spätere Drucke verwendet werden können, und die Herstellung bzw. das Binden eines Buches.
Fachbegriffe:
Letter(n) – Drucksatz – Druckerfarbe – Farbwalze – Druckpapier
Stockpresse: (von oben nach unten) Kopfstück, Spindel, Schlagrad, Pressplatte, Fußstück
Heftlage – Buchrücken – Rückenleimung – Buchdeckel
Zeichnung und Beschreibung des Vorgangs können einander ergänzen.

(162–163) 4. Informationen beschaffen und auswerten

(162) **Aufgabe 1** zu Text 1:
a) Zur Entwicklung der Schrift: (Autorennamen) Claiborne, Zauzich
   Zum Buchdruck: Feld, Pleticha
b) Autor, Titel, Verlag, Erscheinungsort, Auflage, Erscheinungsjahr
c) ist abhängig von den Kenntnissen und Erfahrungen der Schüler mit Bibliotheken (Ausleihe) bzw. Buchhandlungen (Bestellung, Kauf).

Aufgabe 2:
a) im alphabetischen Gesamtkatalog (Autor, Titel)
b) weitere Hinweise im Schlagwortkatalog (Schrift, Buchdruck)

(162) **Informationsmaterial auswerten**

(163) **Aufgabe 3** zu Text 2 (163):
a) Entwicklung der Schrift: Die Anfänge der Schrift, Vom Felsbild zum A, (Das Alphabet)
   Erfindung des Buchdrucks: Vom Schilfrohr zur Buchseite, Gutenbergs bewegliche Lettern
b) Inhaltsverzeichnisse geben einen Gesamtüberblick, informieren aber auch über den Inhalt einzelner Kapitel, sodass der Leser gezielt auswählen kann. Er braucht also nicht das ganze Buch zu lesen, wenn er Material für einen Vortrag sammelt.
c) Das Register bietet
   – Stichwörter und Begriffe;
   – Angaben zu den Seiten, auf denen die Stichwörter und Begriffe vorkommen (Schwerpunktmäßige Behandlung ist durch Fettdruck gekennzeichnet);
   – Verweise auf den größeren Zusammenhang, in dem die Stichwörter und Begriffe stehen.
   Der Anhang gibt einen Überblick
   – über alle Aufsatzformen, die im Sprachbuch behandelt wurden,
   – über den Grammatikstoff der 7. Jahrgangsstufe.

Aufgabe 4 ist abhängig von den Kenntnissen und Erfahrungen der Schüler (z. B. Befragung von Fachleuten, Museumsbesuche, Museumskataloge usw.).

(164–171) # Werbung

Zielsetzung des Kapitels

Kinder werden als besondere Zielgruppe der Werbestrategen in ihrem Alltag mit einer Vielfalt von Erscheinungsformen der Werbung konfrontiert und haben teils unbewusst, teils bewusst unterschiedliche Mittel und Wirkungen der Werbung erfahren und erlebt. In diesem Kapitel sollen die Schüler einige Kenntnisse erhalten, damit sie die Mittel der Werbung erschließen und ihre Wirkung durchschauen und kritisch beurteilen können. Bei der Gestaltung der Aufgaben wurde nach dem einführenden Beispiel darauf geachtet, dass das aktuelle Werbeangebot einbezogen werden kann, was bei dem raschen Wechsel und Wandel der Werbespots und Werbemethoden nötig ist. Bei eigenen Versuchen wenden die Schüler die gewonnenen Kenntnisse bewusst an und üben dabei sprachliche und rhetorische Mittel. In diesem Zusammenhang sollen sie auch über Aufgaben, Ziele und Bedeutung der Werbung nachdenken.

Hinweise zu den Aufgaben

(164–165) ### 1. Formen der Werbung

(165) **Aufgabe 1** zu Text 1 A und B (164):
Zu **a)** und **b)** sind keine Hinweise nötig.
c) A informiert über das Wesentliche (vgl. W-Fragen beim Bericht: Was? Wann? Wo? Welche Kosten?).
B versucht Teilnehmer anzulocken
– durch einen wirkungsvollen Aufbau des Plakats (Headline, Auflockerung des Textes durch voneinander abgesetzte Sprachblöcke, durch unterschiedliche Schriftgröße und Deutlichkeit der Buchstaben, durch Zeichen . !)
– durch Ausrufesätze
– durch den Stimmungswert der Farbe Gelb und den Strahlenkranz (Licht, Sonne, schönes Wetter)
– durch Versprechungen und ein vielfältiges Programmangebot
– durch detailliertere Informationen (wann? wo? was?)
– durch geschickte Wortwahl und Andeutungen bei den Informationen zum Kartenverkauf („Unkostenbeitrag", Hinweis auf begrenztes Kartenangebot, Regenprogramm).

Aufgabe 2 bereitet eine Gruppenarbeit vor, die über eine Unterrichtsstunde hinausgeht und außerhalb der Schule zu erledigen ist. Die Ergebnisse der einzelnen Gruppen können dann in der Schule vorgestellt werden (durch Berichte, durch eine Ausstellung o. Ä.).

(166–168) ### 2. Mittel der Werbung

Die Aufgaben sind auf das jeweils aktuelle Werbeangebot ausgerichtet, sodass sie nicht veralten.

Aufgabe 3 a), b), c), d), e), f) ist abhängig von den ausgewählten Beispielen.

Aufgabe 4 ist abhängig von den Werbebeispielen, die die Schüler gesammelt haben.

(166 f.) **Aufgabe 5 a), b), c)** ist abhängig von den Beispielen, die die Schüler finden, und ihren Kenntnissen über Hitparaden und Werbespots. Ein Gespräch über den Einsatz von Musik im Supermarkt und in bestimmten Geschäften (Mode, Sport) kann darauf hinweisen, dass mit speziellen Programmen Kunden zum Kauf verlockt werden sollen.

(167) **Werbesprache**

Aufgabe 6 zu Text 3 (167):
a) und **b)** ist abhängig vom Urteil und den Änderungsvorschlägen der Schüler.
Der Werbetext muss natürlich knapper und wirkungsvoller werden. Die Werbesprache ist vielseitig und nach rhetorischen Gesichtspunkten gestaltet.

Häufige sprachliche Mittel der Werbung sind:
- Wiederholungen
- Behauptungen
- Anspielungen
- Übertreibungen
- Sprachliche Bilder
- Antithesen
- Parodoxa, Oxymora
- Superlative
- Fragen, rhetorische Fragen
- Ausrufe
- Ellipsen
- Neologismen
- überraschende Verknüpfungen, überraschende Wendungen
- Alliterationen
- Reim
- Sprachrhythmus

<u>Antithese</u>: Gegensatzpaar, <u>Paradoxon</u>: scheinbar widersinnige Aussage (z. B. „Wahrheit ist Lüge"), <u>Oxymoron</u>: Verbindung zweier einander scheinbar ausschließender Begriffe (z. B. „bittere Süße", „beredtes Schweigen"), <u>Neologismus</u>: künstlich gebildetes Neuwort

(168) **Aufgabe 7:**
a) Der Schuh wird von Siegern getragen, erhöht die Leistung, vermindert die Belastung, ist bequem und hygienisch.
b) Vgl. die zahlreichen Werbespots zu bekannten Sportschuhmarken.

Aufgabe 8:
a) Vgl. die Zusammenstellung bei Aufgabe 6.
b) Dadurch wird die Einprägsamkeit und die Wirkung (Überraschungseffekt) erhöht.
c) Hier könnte man auf Wirkungsakzente der Werbesprache eingehen. Wie wird eine Werbung eindringlich (Figuren der Wiederholung), spannend (Antithesen, Paradoxa, Oxymora, Klimax, Ausrufe, Ellipsen, Übertreibungen, Superlative usw.), adressatenbezogen (rhetorische Fragen, Anrede, fingierter Dialog), anschaulich (Bilder, Vergleiche, Metaphern, Anspielungen usw.) und ästhetisch wirkungsvoll (Alliterationen, Lautmalerei, Rhythmus, Reim u. a.)?
d) Vgl. Aufgabe 6 und c). Es könnte z. B. eingetragen werden:
  - Direkte Anreden (Fragen, Aufforderungen, fingierter Dialog)
  - Wortneuschöpfungen, Wortspiele, Superlative
  - Syntax: Ellipsen, Parataxe, Fragen, Ausrufe
  - Wiederholungen

(169–171) ## 3. Aufgabe, Ziele und Bedeutung der Werbung

(169) Zu **Aufgabe 9** sind keine Angaben notwendig.

Aufgabe 10:
a) Z. B. gesundheitsschädigende Wirkung von Nikotin und Alkohol
b) ist abhängig von der Meinung der Schüler und den Beispielen, an denen sie aggressive, geschmacklose Werbemethoden demonstrieren können.

(170) **Aufgabe 11:**
a) Vgl. die Schuhe der Jungen und den Schuh auf dem Bildschirm!
b) Das Ziel der Werbung bzw. des Werbespots ist es, potenziellen Käufern ein Produkt vorzustellen und sie zum Kauf zu bewegen. Dieses Ziel wurde voll erreicht.
c) Der Zeichner will auf die Beeinflussung und Manipulation Jugendlicher durch Fernsehwerbung aufmerksam machen. Bei Kindern und Jugendlichen, die viel und unkontrolliert fernsehen, werden unbemerkt Wünsche und Bedürfnisse geweckt.
Eine Befragung der Schüler, wie sie den Wahrheitsgehalt und die Wirkung von Werbespots im Fernsehen beurteilen, könnte die Aufgabe ergänzen und vertiefen.

(170) **Aufgabe 12:**
Zu **a)** und **b)** sind keine Angaben nötig.
c) Privatsender finanzieren ihre Programme durch Werbeeinnahmen.
Zu **d)** sind keine Hinweise nötig.

Aufgabe 13 zu Text 4 A und B (171):
a) und b) Die Texte parodieren (vgl. ▷) Werbeanzeigen, indem sie die sprachlichen Mittel übertreiben und verspottend nachahmen. Dadurch wird eine komische Wirkung erreicht und die Unglaubwürdigkeit der Werbesprache satirisch entlarvt.

(172–188) # Grammatik I: Das Verb

Zielsetzung des Kapitels

Das erste Grammatikkapitel dieses Bandes schließt die Behandlung des Verbs und seiner Formen ab. Die Schüler lernen die Modi (Indikativ und Konjunktiv) kennen und erarbeiten die grammatische Bildung der Konjunktive I und II. Dabei erfahren sie, welche Aufgaben die Konjunktive haben und wie sie bei der Redewiedergabe korrekt angewendet werden.

Hinweise zu den Aufgaben

(172–174) ### 1. Zur Wiederholung: Alle Wortarten

(172) **Aufgabe 1** zu Text 1 (172):
Zu **a)** sind keine Hinweise nötig.

b)

Substantiv	Verb	Adjektiv	Adverb
Geschichte	kennen	arm	schon
Namen	nennen	kurz	immer
	müssen	ganz	
usw.	usw.	usw.	usw. (s. u.)

c)

Numerale	Pronomen	Präposition	Konjunktion
einer	ihr	mit	damit
drei	seinen		
usw.	usw.	usw.	usw. (s. u.)

(Man sollte auch auf den bestimmten und unbestimmten Artikel hinweisen.)
<u>Substantive:</u> Geschichte, Namen, Last, Schwierigkeit, Spiel, Regel, Beispiel, Wechsel (Anfangs-)Buchstabe, Abend, Betttuch, Chemie, Dachdecker, Strafpunkt, Punkt, Spieler, Wort
<u>Verben:</u> kennen, nennen, müssen, haben, können, buchstabieren, aussprechen, beherrschen, verspüren, ausprobieren, spielen, sein, wissen, bekommen, ausscheiden, einfallen, auslassen
<u>Adjektive:</u> arm, kurz, ganz, groß, lang, richtig, einfach, nächster, passend, natürlich
<u>Adverbien:</u> schon, immer, kaum, bald, reihum, weiter, jeweils, auch; weiter ließe sich auch als Adjektiv auffassen
<u>Numeralia:</u> ein, drei
<u>Pronomina:</u> er/ihr (Personalpr.), der (Relativpr.), sein (Possessivpr.), (irgend)einer (Indefinitpr.), dieser (Demonstrativpr.), wer (Relativpr.), sich (Reflexivpr.), Indefinitpr.: man, keiner; mehrere, die meisten, so viele (Zu den Indefinitpronomina werden auch die Zahlwörter gerechnet, die eine Anzahl oder ein Maß in unbestimmter Weise ausdrücken. Nach anderer Einteilung werden sie als unbestimmte Numeralien aufgefasst, hier also: mehrere, die meisten, viele.)

(174) **Aufgabe 2** zu Text 2 (173):
a) Personalpronomen: wir, sie
Indefinitpronomen: einige, manche, man, etwas
Demonstrativpronomen: diese, jenes, solche
Numerale: viele
b) z. B.: Einige Menschen begleiten ihn. (Pronomen begleitet ein Substantiv.)
Einige folgen ihm. (Pronomen ist Stellvertreter eines Substantivs.)
usw.

Aufgabe 3 ist abhängig von den Beispielen der Schüler.

(175–188) ## 2. Das Verb: Der Modus

(175–181) ### 2.1 Der Konjunktiv als Modus der Erwägung (Konjunktiv II)

(175) **Aufgabe 1** zu Text 3 (175) ist abhängig von den Eindrücken und Urteilen der Schüler.

Aufgabe 2 a), b), c) zu Text 3 B (175):
Wunsch: ich wäre, hätte (Begründung: durch Verbformen)
Wirklichkeit: ich bin, habe (s. o.)

Wunsch oder Vorstellung	Wirklichkeit
ich wär	ich bin
ich hätte	ich habe
ich könnte	ich kann

(176) **Aufgabe 3** zu Text 3 A (175):
Tanjas Gedicht drückt eine Wunschvorstellung aus, also ist ein Ersetzen der Wörter nicht sinnvoll.

Aufgabe 4 ergibt sich aus den Überlegungen der Schüler und führt zu den Fachbegriffen im Informationskasten hin.
Vorstellungsform/Konjunktiv
Realitätsform/Wirklichkeitsform/Indikativ

(177) **Aufgabe 5** zu Text 4 (177):

Indikativ	Konjunktiv
Z. 1: ich habe … bekommen	Z. 4: ich wäre
Z. 1 ff.: es ist	Z. 5: ich hätte gewonnen
Z. 2: (sie) glänzen	Z. 6: befänden, höben
Z. 3: fahre ich und rase	Z. 7: ich wäre und bekäme
Z. 4: stelle ich mir vor	
Z. 8: ich muss … bremsen	
Z. 9: hat	

(177) **Aufgabe 6:**
Er/sie fänd|e, läg|e, schöb|e

Aufgabe 7:
Der Konjunktiv II wird aus der 2. Stammform mit Umlaut und den entsprechenden Personalendungen gebildet, wenn der Umlaut möglich ist. Die 2. Stammform ist zugleich der Präteritumstamm, d. h. der Stamm für den Indikativ des Präteritums.

Aufgabe 8:
Verbessert werden müssen: sie riefe (rief), er wüsche (wusch)
Fehler: falsche Bildung der 2. Stammform

Aufgabe 9:
– ich käme, du kämest, er/sie/es käme, wir kämen, ihr kämt, sie kämen
– ich spräche, du sprächest usw.
– es geschähe, sie geschähen
– ich böte, du bötest usw.

Aufgabe 10 zu Text 5 (178):
Z. 1: würde … legen (legte)
Z. 2: würde mich freuen … (freute)
Z. 4: würde ich … suchen (suchte)
Z. 5: spielen würde (spielte)
Grund: Der regelhaft gebildete Konjunktiv II wäre klanggleich mit dem Indikativ des Präteritums und ließe sich von diesem nicht unterscheiden.

Aufgabe 11 steht in Zusammenhang mit den Texten, die die Schüler schreiben.

Aufgabe 12:
a) ich würde lachen usw., ich hätte gelacht usw., ich würde lachen (Fut.) usw.
 ich würde bauen usw., ich hätte gebaut usw., ich würde bauen (Fut.) usw.
b) ich verriete usw., ich hätte verraten usw., ich würde verraten (Fut.) usw.
 ich würde weinen usw., ich hätte geweint usw., ich würde weinen (Fut.) usw.
c) 1./3. Person Plural bei nicht umlautfähigen starken Verben (wir würden verraten, sie würden verraten), in allen Personen bei schwachen Verben

(180) **Aufgabe 13** ergibt sich aus der Spielanleitung.

Aufgabe 14 zu Text 6 (180):
Wenn der Konjunktiv II altertümlich und „gestelzt" (Annika) wirkt, sollte man ihn mit „würde" umschreiben. Wenn möglich, sollte aber der Konjunktiv II verwendet werden, schon um eintönige Wiederholungen zu vermeiden.

(181) **Aufgabe 15** zu Text 7 (181):
Umformung:
Oh, diese Ilse-Marie!
Wäre sie doch einmal aufmerksam!
Wenn sie doch nicht immer aus der Klasse liefe!
(Wenn sie doch einmal in der Klasse bliebe!)
Vergäße sie doch ihre Hausaufgaben nicht ständig! (Würde … vergessen!)
(Wenn sie doch einmal an ihre Hausaufgaben dächte!)
Wenn sie doch bei den Schulaufgaben nicht so oft abschriebe!
Oh, wenn sie doch einmal eine Antwort auf meine Fragen wüsste! (Wenn sie doch einmal meine Fragen beantworten könnte!)
Wenn sie doch einmal die Tafel wischen würde (wischte; dass dies nicht Ind. Prät. sein soll, ergibt sich aus dem Kontext)!

(181–183) ## 2.2 Formen der Redewiedergabe

(182) **Aufgabe 1** zu Text 8/9 A B (S. 181 f.):
a) Felix (Fassung A) hält es für gegeben, dass Simones Vater tatsächlich Malermeister ist. Diana (Fassung B) drückt aus, dass Simones Vater nach Simones Angabe Malermeister ist.
Fassung B gibt wieder, was die anderen gesagt haben, betont den Abstand (Distanz) zu dem Gesagten: Ich gebe die Aussage eines anderen nur wieder, wie ich sie gehört/erfahren habe. In Text A liegt dieselbe Art der Aussage in Z. 14–16 vor.
In allen anderen Sätzen von Text A ist durch die Form, d. h. Nebensatz mit Einleitewort „dass", klar, dass es sich um Redewiedergabe handelt.
b) ist abhängig von den Entscheidungen der Schüler.

Aufgabe 2 ist abhängig von den Funden der Schüler, z. B.: Der Politiker erklärte, dass das Problem endlich gelöst werden muss.
Der Politiker erklärte, das Problem müsse endlich gelöst werden, damit man Fortschritte mache.

(183) **Aufgabe 3:**

	Text 8	9 A	9 B
Modus	Indikativ	Indikativ	Konjunktiv I
Person	1. Person	3. Person	3. Person
Satzbau	meist Hauptsatz	Nebensätze (dass)	Wortstellung eines HS (indir. R.)
Satzzeichen	Doppelpunkt	Komma	Komma

(184–188) ## 2.3 Der Konjunktiv I als Modus der indirekten Rede

(184) **Aufgabe 4** in Verbindung mit [i] (184):
1. Tina sagte, sie gehe morgen zum Reiten.
2. Stefan behauptet, sein Freund Klaus sei noch nie verreist.
3. Timo fragt Sandra, ob sie demnächst verreisen werde (auch: verreise).
4. Tanja verspricht, sie bringe Susanne sicher nach Hause (auch: werde … bringen).
5. Susannes Mutter erzählt, Tanja habe Susanne sicher nach Hause gebracht.
6. Mirko verspricht, er werde bald mit ihnen ein großes Fest feiern (auch: er feiere).
7. Maja fragt, ob jemand die Lösung der Aufgabe gewusst habe.
8. Nikolaus klagt, er schaffe seine Aufgaben nicht.

Aufgabe 5 zur Formentabelle (185):
– 1. Person Singular und 1.+3. Person Plural, im Futur zudem noch 2. Person Plural.
– Beim Verbum „sein" sind keine Ersatzformen nötig.

Aufgabe 6:

1. Pers. Sing.
1. Pers. Plural   } beim Präsens und Perfekt
3. Pers. Plural
1. Pers. Sing.
1., 2., 3. Pers. Plural   } beim Futur

Aufgabe 7:
machen: ich würde machen, du machest, er mache, wir würden machen, ihr machet, sie würden machen;
ich hätte gemacht, du habest, er habe gemacht, wir hätten, ihr hättet, sie hätten gemacht;
ich würde machen, du werdest, er/sie/es werde machen, wir würden, ihr würdet, sie würden machen;

bringen: ich brächte, du bringest, er bringe, wir brächten, ihr bringet, sie brächten;
ich hätte gebracht, du habest, er/sie/es habe gebracht, wir hätten, ihr habet, sie hätten gebracht;
ich würde bringen, du werdest, er/sie/es werde bringen, wir würden, ihr würdet, sie würden bringen.

(185) **Aufgabe 8** ist abhängig von den Würfelergebnissen der Schüler.

(185 f.) **Aufgabe 9:**
a) **und b)** Sprecher(in) und Angesprochene(r) (Sender und Empfänger) erscheinen in der 3. Person („sie", „ihm") (aber 4.). Das heißt: Die eben wiedergegebene Umwandlungsregel gilt unter der Voraussetzung, dass beide im – übergeordneten – Einleitungssatz in der 3. Person erscheinen. Kommt der Angesprochene im Einleitungssatz in der 1. Person vor, so findet im Wiedergabesatz eine Verschiebung von der 2. Person in die 1. Person statt. Das bedeutet, dass die Pronomen nicht auf die Verhältnisse im Wiedergabesatz, sondern auf die Sprecher-Verhältnisse im übergeordneten Satz (Einleitungssatz) bezogen sind.

1. Petra sagt zu Klaus, sie habe ihn gern bei seinem Lied auf dem Klavier begleitet.
2. Frau Thoms fragt ihre Töchter, wann sie wiederkämen (wiederkommen würden).
3. Ihre Töchter versprechen, sie brächten ihr dann etwas Schönes mit (würden … mitbringen).
4. Marco und Sabrina sagen zu uns, wir könnten ihre Räder gerne benutzen.
5. Tim erzählte, gestern habe ihn seine Oma angerufen.
6. Toni erzählte, er habe schon zu viel gegessen, bevor er zu dem Geburtstag gegangen sei.

c) Es wurde der Konjunktiv I des Perfekts gewählt.

(186) **Aufgabe 10** zu Text 10:
(Man sollte der Klasse eine genaue Bezeichnung, z. B. 7a, geben. Das erleichtert die Arbeit.)

a) **und b)** Steffen sagte, er finde es gar nicht so gut, wenn ihr Klassenzimmer (das Klassenzimmer der 7a) so aussehe wie die der anderen siebten Klassen. Er wolle in der 7a so eine richtige Knallerfarbe, damit man morgens gleich richtig wach sei, wenn man in die Klasse komme.

Vera fragte, warum Steffen immer eine Extrawurst wolle. Sie finde es ganz toll, wenn alle siebten Klassen gleich aussähen.

Melanie betonte, die gleichen Farben in den Klassenzimmern bedeuteten (würden … bedeuten) ja noch lange nicht, dass alle Klassenräume gleich aussähen. Die Klasse 7a (Sie) könn(t)e(n) doch ihr Klassenzimmer noch zusätzlich schmücken, mit tollen Pflanzen zum Beispiel. Heiko berichtete, seine Mutter habe noch ganz (sehr) viele Ableger von Grünlilien, die sie schon immer habe loswerden wollen. Die wären für uns genau richtig.

Miriam erklärte, ihretwegen könne die Klassensprecherversammlung für alle Klassenräume dieselbe Farbe aussuchen, solange es nicht so eine eklige Neonfarbe sei. Von so einer Farbe würde sie krank werden.

Sascha meinte, sie sollten (die Klasse 7a solle) darüber abstimmen, ob (sie) alle dieselbe Farbe haben wollten.

c) Der Schreiber der indirekten Rede berichtet über Aussagen und Meinungen (11/14) des Sprechers/der Sprecherin und verwendet dazu in der Regel den Konjunktiv I. Zur Richtigkeit des Gesagten nimmt er dabei nicht Stellung. Er drückt seine Distanz aus.

Ein Konjunktiv II, der in einer direkten Rede vorkommt, wird in die indirekte Rede übernommen.

(187) **Aufgabe 11** zu Text 11 (186f.) **a) und b):**
Z. 1:   sie habe ... teilgenommen
Z. 2:   das sei ... gewesen
Z. 6:   In Zukunft werde sie ... nicht mitmachen
Z. 8:   sie finde
Z. 10: deswegen sei ... in Ordnung
Z. 11: müsse

Aufgabe 12:
Der Schreiber (z. B. Reporter, Journalist) berichtet über Aussagen und Meinungen eines Sprechers und verzichtet auf eine Stellungnahme. Er bleibt auf Distanz. Der Schreiber fasst nur das Wesentliche des Inhalts zusammen und vermeidet wörtliche (direkte) Rede. Wenn auf die Wiedergabe von Reden nicht verzichtet werden kann, verlangt der Sachstil (nüchtern, knapp, ohne Anteilnahme, distanziert) die indirekte Rede.

(189–193) # Sprachkunde

Zielsetzung des Kapitels

Auf der Grundlage des in der 5. und 6. Jahrgangsstufe Erarbeiteten (bildhafte Redeweise und Metaphern, Wortfamilie, Wortfeld, Ober- und Unterbegriffe, Benutzung eines Wörterbuchs, Fachsprachen, Mehrdeutigkeit) soll in der 7. Jahrgangsstufe das Sprachbewusstsein der Schüler vertieft und die Einordnung sprachlicher Erscheinungen in funktionale und historische Zusammenhänge geübt werden. (Vgl. die 2. Fremdsprache in der 7. Klasse!)
Im Mittelpunkt des Kapitels, das einen Abschluss der Sprachkundearbeit in der Unterstufe darstellt, stehen der Umgang mit einem Wörterbuch und der Bedeutungswandel von Wörtern (vom Konkreten zum Abstrakten).

Hinweise zu den Aufgaben

(189 f.) ### 1. Allgemeine und spezielle Wörterbücher

(190) **Aufgabe 1** zu Text 1 (189): Zu dieser Aufgabe sind keine Hinweise nötig.

Aufgabe 2:
a) A: Informationen über das Wort, d. h. Informationen über Genus, Pluralbildung, Wortinhalt
   B: Informationen über das Wort und die Sache, d. h. Informationen zur Wortherkunft und Bedeutungsgeschichte, Genus, Pluralbildung; lit. Gattungszugehörigkeit; Hinweise zum Inhalt, zu Sprache und Stil; Anfänge epischer Dichtungen
   C: wie B, aber sehr viel ausführlicher, d. h. Informationen zur Wortherkunft und Bedeutungsgeschichte, Gattung, Sprache und Stil; Unterschiede zum Roman; Stoffe des Epos, charakteristische Merkmale, Arten
b) – Unterschiede zum Roman: gebundene Rede, Öffentlichkeit des feierlichen mündlichen Vortrags
   – Stoffe: im Bereich der Götter- und Heldensagen, Mythen u. Ä.
   – im Zentrum: bestimmte Person oder Leitgedanke
   – Kennzeichen: (gehobene Sprache), Distanz zum Geschehen, Tendenz zur Ausführlichkeit (Verweis auf „epische Breite")
   – verschiedene Arten des Epos: ...
c) Artikel C ist für den Lernbereich „Literatur" am besten geeignet, da er spezielle Informationen in ausführlicher Darstellung bietet.

Aufgabe 3:
A: Sprachrichtigkeit (Grammatik, Orthographie, Verwendung des Begriffs)
B: Knappe Information (Allgemeinwissen)
C: Fachwissen (genaue Informationen über einen literarischen Begriff)

Aufgabe 4:
Rhythmus
Rhythmus, m. (gr. rhythmós), harmonische, angenehm empfundene Gliederung einer Bewegung, v. Vorgängen; die zeitliche Ordnung im Ablauf der Töne; mediz.: Zeit-, Schlagfolge des Herzens
(Richard von Kienle, Fremdwörterlexikon, Gütersloh o. J.)

Rhyth|mus, der; -, ...men (regelmäßige Wiederkehr; geregelter Wechsel; Zeit-, Gleich-, Ebenmaß; taktmäßige Gliederung)

(Duden, Bd. 1)

Rhythmus [ˈrʏtmʊs], der: -, ...men [..mən; lat. rhythmus < griech. rhythmós = Gleichmaß, eigtl. = das Fließen, zu: rheīn = fließen; schon ahd. ritmusen (Dativ Pl.)]: **1. a)** (Musik) *Gliederung des Zeitmaßes; aus dem Metrum des thematischen Materials, aus Tondauer u. Wechsel der Tonstärke erwachsende Bewegung:* ein bewegter, schneller R.; zündende Rhythmen; Ü der R. der Großstadt; einen bestimmten R. laufen (Sport); **b)** (Sprachw.) *Gliederung des Sprachablaufs durch Wechsel von langen u. kurzen, betonten u. unbetonten Silben, durch Pausen und Sprachmelodie:* ein strenger, gebundener R.; freie Rhythmen *(frei gestaltete, rhythmisch bewegte Sprache, aber ohne Versschema, Strophen u. Reime).* **2.** *Gleichmaß, gleichmäßig gegliederte Bewegung; periodischer Wechsel, regelmäßige Wiederkehr:* der R. der Jahreszeiten, von Ebbe und Flut. **3.** *Gliederung eines Werks der bildenden Kunst, bes. eines Bauwerks, durch regelmäßigen Wechsel bestimmter Formen:* ein horizontaler, vertikaler R.

(Duden, Bd. 5)

Metrik
Metrik, w. (gr. metrikē téchnē: die das (Silben-)Maß betreffende Kunst), Lehre von d. Versmaßen

(Richard von Kienle, Fremdwörterlexikon, Gütersloh o. J.)

Me|trik, die; -, -en ⟨griech.⟩ (Verslehre, -kunst; *Musik* Lehre vom Takt);
(Duden, Bd. 1)

Metrik [ˈmeːtrɪk], die; -, -en [lat. (ars) metrica < griech. metrikē (téchnē), zu: metrikós, ↑metrisch]: **1.** (Verslehre) **a)** *Lehre von den Gesetzmäßigkeiten des Versbaus u. den Versmaßen; Verslehre;* **b)** *die Metrik (1 a) darstellendes Werk.* **2.** (Musik) *Lehre vom Takt u. von der Taktbetonung;* **Metriker,** der; -s, -: *Fachmann auf dem Gebiet der Metrik;* **metrisch** ⟨Adj.; o. Steig.⟩ [lat. metricus < griech. metrikós = das (Silben)maß betreffend, zu: métron, ↑Metrum, Meter]: **1.** (Verslehre) *die Metrik (1 a) betreffend, ihr entsprechend:* eine m. gegliederte Verszeile; einen lyrischen Text m. analysieren. **2.** (Musik) *die Metrik (2) betreffend, ihr entsprechend:* die m. einfachere Struktur des Jazz. **3.** *auf den Meter als Maßeinheit bezogen:* Maße, die einen Vergleich mit dem -en Maß nur schwer ... zulassen (Mantel, Wald 76); -es System *(urspr. auf dem Meter, dann auf Meter u. Kilogramm beruhendes Maß- u. Gewichtssystem).*

(Duden, Bd. 4)

(191 f.) ## 2. Bedeutungswandel

(191) **Aufgabe 1:** Zu dieser Aufgabe (Verbalisierung des Schaubildes) sind keine Hinweise notwendig.

(192) **Aufgabe 2** (192) zu Text 2 (191):
a) Nagel ⟶ Treffpunkt in der Mitte der Zielscheibe
⟶ „Zielpunkt" ⟶ Absicht, Sinn;
„Nagel" ⟶ 18. Jh. die Zwecke (Nebenform): Heft- oder Reißwecke
Ergänzung ⟶ Zweck: mhd., ahd. zwec = Nagel, zu zwei, urspr. = gegabelter Ast; später Nagel in der Mitte der Zielscheibe, Zielpunkt
b) Bei Feder: Vergleich konkreter Eigenschaften von Sachen; hier: der Verwendungszweck (als Schreibgerät); Übertragung von einer Sache zur anderen (Ursprungsbedeutung bleibt klar)
Bei Zweck: Bedeutungsübertragung (vom Konkreten zum Abstrakten), Ursprungsbedeutung schwindet, „verblasst".

Aufgabe 3:
a) bizen (beißen) – „ein bisschen": urspr.: ein kleiner Bissen, heute: ein wenig (vom Konkreten zum Abstrakten, Verblassen des konkreten Wortinhalts)
b) von der konkreten Tätigkeit des Beißens zur Mengenangabe, ohne dass klar wird, wie die Menge zustande kommt; vom konkreten Nagel zu Ziel oder allgemein.

Aufgabe 4:
z. B. besitzen: vgl. auf etwas sitzen (vgl. etwas besetzen);

begreifen: vgl. mit der Hand festhalten/packen (vgl. lat. mancipium, manu capere);
belästigen: vgl. jdm. eine Last aufbürden
Lösung: los = frei, weg von; nicht mehr fest, nicht mehr zusammenhängend (achtlos, arglos, grenzenlos, machtlos);
Klärung: klar = durchsichtig, rein, vom Trüben frei (vgl. lat. clarus), klären = klar machen; verstehen: von stehen (mhd. verstēn, verstān), schon früh die übertragene Bedeutung „wahrnehmen", geistig auffassen; in mhd. Zeit: klare Vorstellung von etwas haben, etwas können (z.B. ein Handwerk, eine Kunstfertigkeit)

Aufgabe 5:
„Tischler" war einer, der „Tische" macht, „Schreiner" einer, der „Schreine" macht, „Spengler" einer, der „Spangen" macht, „Töpfer" einer, der „Töpfe" macht.

(193–206) # Grammatik II: Satzglieder, Syntax und Zeichensetzung

Zielsetzung des Kapitels

Das zweite Grammatikkapitel schließt die die Jahrgangsstufen 5–7 umfassende Sequenz zur Elementargrammatik und zur Zeichensetzung ab. Die Leistung der Satzglieder und Satzarten wird dabei wiederholt. Zudem sollen die Schüler lernen, die verschiedenen Arten von Nebensätzen zu bestimmen und textgestaltend (z.B. bei der Beschreibung und der Textzusammenfassung [Inhaltsangabe]) anzuwenden. Im Mittelpunkt stehen also die Syntax (Satzreihe und Satzgefüge, satzwertige Infinitive und Partizipien, Attributsätze und Gliedsätze bzw. Adverbialsätze) und die mit ihr zusammenhängenden Regeln der Zeichensetzung.

Hinweise zu den Aufgaben

(193–195) ### 1. Satzglieder und Satzgliedteile

(193 f.) #### 1.1 Die Satzglieder im Überblick

(193) **Aufgabe 1:**
1. |Überrascht| |entdeckte| |Lukas| |gestern| |im Garten| |einen| |bunten Drachen|.
2. Gestern entdeckte Lukas überrascht einen bunten Drachen im Garten.
3. Einen bunten Drachen entdeckte gestern Lukas überrascht im Garten.
4. Im Garten entdeckte Lukas gestern überrascht einen bunten Drachen.
5. Lukas entdeckte gestern im Garten überrascht einen bunten Drachen.
Immer zusammen bleiben: „im Garten" und „einen bunten Drachen".

Aufgabe 2:
Lukas: Subjekt – Wer oder Was entdeckte?
entdeckte: Prädikat (erkennbar an der Verbform) – mögliche Fragen: Was geschieht, geht vor? Welcher Zustand herrscht? u. Ä.
einen bunten Drachen: Akk. Objekt – Wen oder Was entdeckte er?
überrascht: Adverbiale (Art und Weise) – Wie entdeckte er ihn?
gestern: Adverbiale (Zeit) – Wann entdeckte er ihn?
im Garten: Adverbiale (Ort) – Wo entdeckte er ihn?
Folgende Satzglieder fehlen noch:
Dativobjekt (Wem oder Was?), Prädikativ: Satzglied (Substantiv oder Adjektiv) im Nominativ bei Verben wie „sein, werden, gelten als, sich erweisen als", Präpositionalobjekte: Objekt nach Präposition, dabei enge Zugehörigkeit der Präposition zu einem Verb (z. B. warten auf, bitten um, hoffen auf usw.), Attribute als Satzgliedteile (vgl. 194, 1.2)

Aufgabe 3 zum „Wörtersalat" (194):
a) 1. Lukas fand im Garten einen bunten Drachen.
   2. Es wehte gleich um die Mittagszeit ein leichter Wind.
   3. Nach einigen Anfangsschwierigkeiten stand der bunte Drachen schön am blauen Mittagshimmel.
   (Anm.: In einem Teil der Auflage steht ein „die" zu viel im „Wörtersalat".)
b) Das Prädikat steht im Aussagesatz immer an derselben Stelle.

(194 f.) #### 1.2 Das Attribut als Satzgliedteil

Aufgabe 4 zu Text 1 (194):
– den großen, in vielen Farben schillernden Drachen mit seinem langen(,) bunten Schwanz (vgl. Umstellprobe: Diese Wörter bilden einen Block. Deshalb wäre eine Auftrennung bei Umstellung sinnwidrig. Bei den Umstellungen bleiben diese Wörter zusammen.)
– seinen kostbaren Drachen

Aufgabe 5:
Der Text hat seine Anschaulichkeit (Schönheit des Drachen, Wert für Lukas) verloren.

(195) **Aufgabe 6:**
Gesamteindruck/der Drachen als Ganzes ⟶ räumliche Anordnung vom Kopf bis zum Schwanz

Zur Form: vergleichbar mit einem Schmetterling oder (Drachen) Fisch (Segelflosser), rautenförmiger Kopf, rot mit schwarzer Spitze, Raute durch einen schwarzen Streifen in zwei Dreiecke geteilt; dreieckige Flügel (Flossen, gelb mit hellgrünen Außenspitzen, an denen oben ein gelbes, unten ein rotes Spiralband flattert).

Zum Schwanz: neun Teile, die von verschieden großen Gliedern gebildet werden, die wie Schirme aussehen, erst größer, zum Ende hin wieder kleiner werdend, Fransen am Schwanzende.

Der Körper des Drachens ist übersät mit bunten Sternen unterschiedlicher Größe.

(195–205) ## 2. Syntax

(195 f.) ### 2.1 Haupt- und Nebensätze

(195) **Aufgabe 1** zu Text 2 (195):
- China
- um 400 v. Chr.
- Material: Holz, Stoff
- Zweck: Nachrichtenübermittlung, Transport von Menschen und Sachen, Abschreckung von Feinden
- Verbreitung über die damaligen Handelsstraßen in alle Welt

Aufgabe 2 zu ⓘ und Text 2 (195):

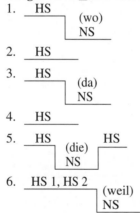

(196–198) ### 2.2 Satzreihe und Satzgefüge

(196) **Aufgabe 3** ist abhängig von den Erlebnissen der Schüler.

Aufgabe 4 a), b), c)
Aufgabe 5
Aufgabe 6
} Diese Aufgaben sind abhängig von den Erlebnissen und den Sätzen der Schüler.

(197) **Aufgabe 7:**
Nebenordnende Konjunktionen: z. B. und, auch, oder, sowie usw., weder – noch, nicht nur …, sondern auch …, teils – teils.
Unterordnende Konjunktionen: z. B. dass, weil, während, indem, solange, sooft, als, sobald, da (ja), damit, ob, falls, ehe, bevor usw.

(197) **Aufgabe 8** zu Text 3 (198):
Die Ursprünge der Drachenbaukunst (Fortsetzung)
Die ältesten Drachen stammen aus China, aber auch in Korea und Japan hat es schon im 7. Jahrhundert eine eigenständige Entwicklung der Drachenbaukunst gegeben. Die Koreaner bauten hauptsächlich einen rechteckigen Kampfdrachen aus Bambus und Papier, weil dieser Drachentyp besonders wendig war und sich für Drachenspiele aller Art eignete.

₅ Diese Drachenspiele gab es in Korea seit dem 7. Jahrhundert <u>und</u> sie fanden immer in den beiden ersten Wochen des neuen Mondjahres statt. Das Drachenfest war zu Ende, <u>wenn</u> vom Festherrn der Wunsch ausgesprochen wurde, <u>dass</u> mit diesem Drachen alle Sorgen des vergangenen Jahres wegfliegen sollen.
In Japan wurden die Drachen zur Nachrichtenübertragung verwendet, <u>wie</u> es auch in China
₁₀ üblich war. Am Anfang konnten nur wohlhabende Japaner sich Drachen aus teurem Papier bauen, <u>aber</u> später wurde durch den Einsatz neuartiger Techniken der Drachenbau für alle Japaner erschwinglich. <u>Wenn</u> die seit dem 18. Jahrhundert beliebten Drachenwettkämpfe an Flussufern durchgeführt werden, fliegen Kampfdrachen von beiden Seiten des Flusses. Die Drachen fliegen über den Fluss, <u>und</u> jedes Drachenteam hofft, <u>dass</u> sie des Gegners Leinen
₁₅ durchtrennen können.
(Die Nebensätze sind hier an den unterordnenden Konjunktionen zu erkennen.)

(198) 2.3 Infinitivgruppen

Aufgabe 9 ergibt sich aus den Vorsätzen, die die Schüler fassen.

(199) **Aufgabe 10:**
Unterschied: Stefan hat die Konjunktion „dass" vermieden. Aus dem Prädikat „besucht" wird ein Infinitiv. Dadurch wird das Subjekt „sie" im Nebensatz überflüssig.
1. vgl. Aufgabenstellung
2. …(,) nicht mehr zu rauchen.
3. … beschließt(,) nächstes Jahr jeden Tag eine halbe Stunde zu joggen.
4. …(,) nur noch eine Stunde täglich am Computer zu spielen (spielen zu wollen).
5. …, weniger fernzusehen.

(199) **Aufgabe 11** ist abhängig von den Vorsätzen der Schüler.

Aufgabe 12 zu Text 3 (198), Z. 16 f.:
Jedes Drachenteam hofft die Leinen des Gegners durchtrennen zu können.

(200) **Aufgabe 13:**
1. Er trat leise ein, damit er nicht störte.
2. Er trat ein, anstatt dass er draußen wartete.
3. Er trat ein, ohne dass er anklopfte.
4. Sie hofft, dass sie ihren Bruder bald wieder sieht.

Aufgabe 14:
In den Infinitivgruppen entstehen falsche bzw. missverständliche Beziehungen, z. B. soll das Kind ruhig sein, nicht die fütternde Person.
1. Sie fütterte das Kind, damit es ruhig war.
2. Er hängte die Wäsche draußen auf, damit sie schneller trocken wurde.
3. Sie stellte den Schirm in die Ecke, damit er nicht umfiel.
4. Er polierte die Schuhe gründlich, damit sie schön glänzten.

(200 f.) 2.4 Partizipgruppen

Aufgabe 15:
Der Nebensatz (weil, nachdem) wird durch ein Partizip ersetzt.

(201) **Aufgabe 16:**
a) lachend, gelacht; tröstend, getröstet; weinend, geweint; singend, gesungen; tanzend, getanzt; redend, geredet; gebend, gegeben.
b) z. B.
– Laut über den Witz lachend(,) verließ er den Raum.
– Von der Mutter getröstet(,) beruhigte sich das Kind.
– Über sein Missgeschick weinend(,) lief er nach Haus.
– Aus voller Kehle singend(,) sprang er/sie umher.
– Vor Freude tanzend(,) umarmte er/sie den Boten.
– Wie ein Wasserfall redend(,) verwirrte er/sie die Gäste.
– Die Karten gebend(,) verzählte er sich.

Aufgabe 17 ist abhängig von der ausgewählten Geschichte.

(201 f.) **2.5 Training Zeichensetzung**

Aufgabe 18 zu Text 5 (201):

Die Ursprünge der Drachenbaukunst (Schluss)
Die Drachen sind auf ihrem Weg von China nach Indonesien auch auf Malaysia verbreitet worden und auch dort fanden sie viele Freunde. Zu Beginn werden es Fischdrachen gewesen sein, <u>gebaut aus Palmblättern</u>, <u>die von den Küstenbewohnern geflogen wurden</u>. Diese Drachen flog man im gesamten pazifischen Raum und man benutzte sie, <u>versehen mit einer
5 Leine und einem Haken</u>, zum Fischfang. Auch in Malaysia waren, <u>nachdem sich der Fischfang mit den Drachen durchgesetzt hatte</u>, Drachenwettkämpfe ein beliebtes Vergnügen. Aber im Gegensatz zu den japanischen Wettkämpfen, <u>wo es das Hauptziel war</u>, <u>die Drachenschnüre des Gegners zu durchtrennen</u>, werden in Malaysia die Dekoration und die Flugleistung bewertet. Das Steigenlassen von Drachen ist auch in Indonesien ein Volks-
10 sport, aber nirgendwo gibt es so viele Drachen wie auf Bali, <u>wo das Drachenfliegen auch einen praktischen Zweck erfüllt</u>. Die Reisbauern fliegen mit großen, raubvogelartigen Drachen über ihre Reisernte(,) <u>um den Reis vor den immer hungrigen Sperlingen zu schützen</u>. So ist in diesen Ländern das Drachenfliegen nicht nur ein interessantes Hobby, <u>wie dies bei uns der Fall ist</u>, sondern eine durchaus nützliche Tätigkeit.

(202–204) **2.6 Nebensätze: Attributsätze und Gliedsätze**

(202) **Aufgabe 1** zu Text 6 (201):
<u>Adjektive, vorangestellt, dekliniert:</u>
– großen, bunten Salat (Z. 2)
– rote Paprika (Z. 3 f.)
– frischen, knackigen Eisbergsalat (Z. 4)
– kleine Kirschtomaten (Z. 5)
– internationale Spezialitäten (Z. 6)
– beliebten Stand (Z. 5 f.)
– leckere Soße (Z. 9)
<u>Partizip, vorangestellt, dekliniert:</u>
– eingelegten Schafskäse und gefüllte Oliven (Z. 7)
<u>Substantiv im Genitiv, nachgestellt:</u>
– des Händlers (Z. 3)
<u>Präpositionalausdruck, nachgestellt:</u>
– aus Griechenland (Z. 4)
– mit Stängeln (Z. 5)
– mit den … Spezialitäten (Z. 6)
<u>Apposition = Substantiv, nachgestellt:</u>
– die Zwillinge (Z. 1)
– …, und zwar Paprika …, (Z. 4)
– …, einem besonders beliebten Stand, (Z. 6 f.)

(203) **Aufgabe 2** zu Text 7 (202):
(Beispiel)
Sibylle und Oliver, die Zwillinge, kaufen Zutaten für einen leckeren Nudelsalat. Sie kaufen zuerst bunte Nudeln, Eier und kleine, eingelegte Gewürzgurken. Später besorgen sie sich beim Stand des Händlers mit den internationalen Spezialitäten, einem besonders beliebten Stand, rote, knackige Tomaten mit Stängeln, frischen Thunfisch, Oliven, und zwar große, gefüllte aus Griechenland, Jogurt und Kräuter.

(203) **Aufgabe 3** zu Text 6 (201):
a) – Marc und Sabrina, die Zwillinge sind, …
– für einen Salat, der groß und bunt werden sollte, …
– am Gemüsestand, der dem Händler gehört, …
– Paprika, der aus Griechenland stammt, …
– Eisbergsalat, der frisch und knackig ist, …
– Schafskäse, der eingelegt wurde, …
– Oliven, die gefüllt wurden, …
Der Text wird durch die zahlreichen Relativsätze umständlich und eintönig.

Aufgabe 4 zu Text 8 (203):
a) ist abhängig vom Wohnort der Schüler.
b) Man vermenge Hackfleisch, <u>eine Mischung aus Rinder- und Schweinehack</u>, <u>das möglichst frisch sein sollte</u>, mit <u>fein gewürfeltem</u> Brot, <u>am besten vom Vortag</u>, einem <u>gehackten</u> Ei und einer <u>abgezogenen, gewürfelten</u> Zwiebel. Dann schmeckt man mit Salz

und Pfeffer aus der Pfeffermühle ab. Man hacke ein Bund Dill und gebe ihn zum Fleischteig, der nicht zu weich sein sollte. Dann forme man zwölf kleine Frikadellen, die man
bei mittlerer Hitze in heißem Öl, und zwar am besten in Maiskeimöl, drei bis fünf Minuten brate.

(204–205)   **2.7 Satzglieder und Gliedsätze**

(204)   **Aufgabe 5:**

a)	b)
1. Subjekt	Subjektsatz
2. Präpositionales Objekt	Objektsatz
3. Subjekt	Subjektsatz
4. Adverbiale (wie?)	Adverbialsatz
5. Objekt	Objektsatz
6. Adverbiale (warum?)	Adverbialsatz
7. Objekt (Akkusativobjekt)	Objektsatz

(205)   **Aufgabe 6:**
Die Häufung von Substantiven (Nominalstil) wird vermieden. Die Sätze werden zwar etwas länger, aber die Aussage wird dafür klarer und gewandter (flüssiger).

(205)   **Aufgabe 7 zu Text 9 (204):**
a) Nachdem (Wenn) der Unterricht beendet ist (Adverbiale der Zeit/Adverbialsatz), soll das Fest, das die 7d feiern will (Attributsatz), in dem Klassenzimmer, das ihr gehört (Attributsatz), stattfinden. Indem sie Luftballons, Luftschlangen und Girlanden aufgehängt haben (Adverbiale der Art und Weise/Adverbialsatz), haben Jörg und Simone das Klassenzimmer verschönert. Jovanka baut mit Bastian das Buffet auf, auf dem die mitgebrachten Salate und Frikadellen Platz finden (Attributsatz). Sie warten noch darauf, dass viel Götterspeise und Vanillesoße geliefert wird (Objektsatz). Da es heute sehr heiß ist (Adverbialsatz), haben Uli und Stefan besonders viele Kisten (mit Getränken) mitgebracht, die Getränke enthalten (Attributsatz). Maxi und Silke versprechen ein Musikprogramm, das gut ist (Attributsatz). Die Überraschungen, die Herr Diesel geplant hat (Attributsatz), sind allerdings noch geheim …

b) Adverbiale, Attribute und Objekte können umgeformt werden.
c) Die Umformung der Attribute wirkt umständlich, die Verwandlung der Adverbiale in Adverbialsätze macht den Text flüssiger (vom Nominal- zum Verbalstil).

(206 f.)   **3. Gedankliche Beziehung und sprachlicher Ausdruck**

(206)   **Aufgabe 1** ist abhängig von den Einfällen der Schüler.
Beispiele:
Wenn es regnet, mähen wir den Rasen.
Weil es regnet, mähen wir den Rasen.
Obwohl es regnet, mähen wir den Rasen.
Während es regnet, mähen wir den Rasen.
Falls es regnet, mähen wir den Rasen.

Wenn es schneit, räumen wir Schnee.
Falls es schneit, räumen wir Schnee.
Da es schneit, räumen wir Schnee.
Während es schneit, räumen wir Schnee.
Obwohl es schneit, räumen wir Schnee.

Aufgabe 2: Die Lösungen ergeben sich aus dem Informationskasten.

Aufgabe 3
Aufgabe 4 } sind abhängig von den Beispielsätzen der Schüler.

Rechtschreiben

(208–226) ## Zielsetzung des Kapitels

Der Lehrgang im Bereich der Rechtschreibung verfolgt in der 7. Jahrgangsstufe das Ziel, die Hauptschwierigkeiten (lange und kurze Vokale, s-Laute, Groß- und Kleinschreibung) zu wiederholen und mit gezielten Übungen den Grundlehrgang in der Unterstufe abzuschließen. Im Mittelpunkt stehen Probleme der Zusammen- und Getrenntschreibung. Durch die Klärung und Schreibung verbreiteter Fremdwörter sollen die Schüler ihren aktiven und passiven Wortschatz erweitern und in der Schreibung sicherer werden.

Hinweise zu den Aufgaben

(208–211) ### 1. Wiederholung

(208f.) #### 1.1 Lange und kurze Vokale

(208) **Aufgabe 1:**
a) Jahren, Fuhrhalters, riesigen, wie, Saal, hielt, dieser, die, Tiere, liefen, ohne, ihren, sie, vier, Moos, Haaren, Kehle, mühelos, Reedern, sehr, angesehen, lieferte, ihnen, ihre
b) Jahren: jährlich, verjähren, verjährt, einjährig, Verjährungsfrist, Jahrestag usw.
Fuhrhalter: Fuhre, Fuhrwerk, Fuhrlohn, Fuhrpark, (fahren, Gefährt) usw.
riesig: Riese, riesenhaft, riesengroß, Riesenspielzeug usw.
Saal: Saalbau, Tanzsaal, Saalordner usw.
Tiere: tierisch, tierhaft, Tiergarten usw.
hielt: halten, haltbar, Halter, Halt, hinterhältig, Hinterhalt usw.
mächtig: Macht, machtlos
ohne: ohnehin, ohneeinander, ohnegleichen, Ohnmacht, ohnmächtig, Ohnmachtsanfall usw.

Aufgabe 2:
Der, französische, Gymnasium, war, Ludwig, dem, jeder, Pferd, trabten, Tageslicht, Hufen, je, Statur, er, trug, Schnurrbart, (war), der, Jeden, den, übertönte, er, Waren, zuverlässig, Hafen
Diphthong: seinen, meiner, befreundet, einzigen, eines, weiträumig, ein, Scheuklappen, frei, Pflastersteine, seiner, eine, bei, Marseille

(209) **Aufgabe 3:**
Aal, Aar, Aas, Haar, Paar, Saal
Beet, Geest, Heer, leer, Meer, See, Tee, Teer
Moor

Aufgabe 4:
a) Schriftsteller, Teller, Keller
Klasse, Masse, Tasse, fasse, Rasse
Ställe, Bälle, Fälle, Gefälle
Scheuklappen, Mappen, pappen, Rappen, tappen
hellen, bellen, Kellen (Kelle), pellen, Pellen (Pelle), Dellen (Delle), Ellen (Elle), Fellen (Fell)
(Schnurren): murren, gurren, surren
hatte, matte, Platte, satte, Matte
Stimme, Imme
zuverlässig, ansässig, aufsässig, gehässig
b) Kohlenkeller-Holzfäller: ähnlich klingende Reimsilbe, also unreiner Reim
c) ist abhängig von den Einfällen der Schüler.

(209f.) **1.2 Der s-Laut: s – ß – ss**

(210) **Aufgabe 5:**
a) Die Speise (1), genießen (2), köstlich (5), der Bissen (3), wir vermissten sie (7), er hat gewusst (7), er fraß (2), die Schüssel (3), essbar (3), ein bisschen (3), zum Schluss (3), hässlich (3), die Gäste (5), die Hast (5), mit blasser (3) Nase, er muss wissen (3), verpassen (3), der Anschluss (3), die große (2) Masse (3), das Verständnis (4), das beste (5) Haus (1), sie beschließt (6), sie reiste (5), bissig (3), das Schloss (3), wird abgerissen (3), er ließ (2) los (1), der Mist (5), er gießt (6), das Fest (5), wir mussten (7) abreisen (1).
Zu **b)** und **c)** sind keine Hinweise notwendig.

1.3 Das oder dass?

(211) **Aufgabe 6** zu Text 2 (211): Keine Hinweise nötig.
(Partnerdiktat)
Marcel erzählt weiter:
Nach langen Jahren rastloser Arbeit hatte es Ludwigs Vater dahin gebracht, dass fünfzig Fuhrwerke mit seinem Namen durch die Stadt brausten. Aber das Telefon, das Ludwigs Familie zu Hause stehen hatte, schien mir noch bemerkenswerter zu sein. Ohne dass man schreien musste, konnte man mit Leuten in weiter Ferne sprechen.
5 Ich hatte wohl schon von dieser großartigen Erfindung gehört, wusste aber nicht, dass so etwas auch bei Privatleuten zu finden war, dass man es besitzen konnte wie eine Nähmaschine oder eine Kaffeekanne.
Das Unternehmen, das in harter Arbeit aufgebaut worden war, sollte Ludwig später leiten. Das stand fest, jedenfalls für den Vater. Dieser erwartete deshalb auch, dass der Sohn in der
10 Schule eifrig und tüchtig war. Aber das war leider nicht der Fall. Ludwig war lahm und geradezu faul, sodass sein Vater sich veranlasst sah(,) ihn ständig zu bestrafen. Das war für Ludwig natürlich sehr unangenehm(,) und er dachte sich, um dem väterlichen Zorn zu entgehen, so viele Ausreden und Tricks aus, dass ich mit deren Erzählung ganze Bücher füllen könnte.

(211–218) ## 2. Groß- und Kleinschreibung

(211–214) ### 2.1 Substantivierte Adjektive und Verben

(212) **Aufgabe 1** zu Text 3 (211):
Der Onkel hat das Talent des Jungen erkannt und zeigt Interesse für seine Zeichnungen, deren Wert er durch das Geld betont. Der Vater hält das Zeichnen für brotlose Kunst (und für unerlaubt aus religiösen Gründen).

Aufgabe 2 a) und b):
Chaim Potok: **Gibt es für dich nichts Wichtigeres als Zeichnen?**
Chaim Potok, ein zeitgenössischer amerikanischer Autor, stellt in seinem Roman „Mein Name ist Ascher Lev" das Leben eines New Yorker Jungen dar, der in einer streng religiösen jüdischen Familie polnischer Herkunft aufwächst, sich früh mit Malen und Zeichnen beschäftigt und schließlich gegen den Willen seiner Eltern Maler wird.
5 Schon für den Sechsjährigen ist Malen die liebste Beschäftigung. „Kannst du denn mit deiner Zeit nicht etwas Besseres anfangen?", fragte der Vater. „Unser Kleiner hat Großes vor", sagt der Onkel mit einem freundlichen Lächeln, „er wird ein zweiter Chagall werden." Er fragt den Jungen: „Verkaufst du mir eine deiner schönen Zeichnungen?" Ascher kramt aus dem Halbdunkel seiner Schieblanden ein Blatt heraus. „Das ist etwas Hübsches", nickt der
10 Onkel und legt ein paar Münzen auf den Tisch. Der Vater starrt ärgerlich ins Leere und macht später den Handel wieder rückgängig. Er bemerkt dazu: „Dümmeres ist dem Onkel ja wohl noch nie eingefallen. Sag mal, Ascher, gibt es für dich wirklich nichts Wichtigeres als Zeichnen? Du solltest dich eigentlich mehr fürs Lernen interessieren!"

(212) **Aufgabe 3 a), b), c) und d)** zu Text 3 (211 f.):
Z. 2: das Leben (1a, 3) eines Jungen (2b)
Z. 4: mit Malen und Zeichnen (1d)
Z. 6: für den Sechsjährigen (1d)
Z. 6: Malen (3)
Z. 7: etwas Besseres (1c, 3)
Z. 8: unser Kleiner (1b, 3)
Z. 8: Großes (3)

Z. 8f.: mit einem Lächeln (1d)
Z. 9: den Jungen (1a, 3)
Z. 10: aus dem Halbdunkel (1d)
Z. 11: etwas Hübsches (1c, 3)
Z. 13: ins Leere (1d)
Z. 14: Dümmeres (3)
Z. 15: nichts Wichtigeres als Zeichnen (1c, 3)
Z. 16: fürs Lernen (1d)

(213) **Aufgabe 4a) und b) zu Text 4 (213):**
In der Schule
Eines Tages (1a) langweilt sich Ascher (3, Name) beim Besprechen (1d) einer Geschichte (1a, 2b). Er schaut nach draußen und folgt dem schweren Fallen (1a, 3) der Regentropfen (1, 2b). Soll er Grau (3) dafür nehmen? Oder wäre ein helles Schwarz (1a) passender? Wie soll er das Hochspringen (1a) der Tropfen (2b) auf dem Pflaster (1d) malen? Er hat kein Blatt (1c) zum Ausprobieren (1d). Aber da sieht er etwas Weißes (1c) vor sich liegen, nimmt seinen Stift (1b, 3) und malt.
Plötzlich hört er lautes Schelten (1c, 3), das sich zum Brüllen (1d) steigert. Was ist Schlimmes (1c, 3) passiert? Ach, er selbst ist gemeint, weil er das Lehrbuch (1a) zum Malen (1d) benutzt hat. Dabei hat er es gar nicht gemerkt. Es kam ihm nur auf das genaue Beobachten (1a, d) der Tropfen (2b) an.

(213) **Aufgabe 5 zu Text 5 (213):**
– Er kann mit Judel Krinsky, der für die Fragen und Probleme des Jungen offen ist, über alles reden. Er fühlt sich von dem Alten verstanden und hat Vertrauen zu ihm.
– Judel Krinsky ist begeistert und freut sich über Begabung und Leistung des Jungen. Er spart auch nicht mit Lob (vgl. Z. 8–10).

Aufgabe 6:
Substantivierte Adjektive
Z. 2: Alles Neue und Unverstandene (1c)
Z. 5: etwas Neues (1c)
Z. 9: ans Wunderbare (1d)
Z. 10: ich Alter (1b)

Aufgabe 7:
Z. 7: „ein kleiner" ist Attribut zu „Tropfen".
Z. 11: „die beste" ist Attribut zu „Zeichnung".

(214) **Aufgabe 8:**
1. „ältester" und „aufmerksamster" sind Attribute zu „Bewunderer".
2. „schöne" und „gute" sind Attribute zu „Zeichnung".
3. „kleinen" ist Attribut zu „Jungen", „großer und wichtiger" zu „ein Unterschied".

Aufgabe 9:
1. Aschers Mutter war die fleißigste aller Studentinnen.
2. Sie war auch die ungewöhnlichste aller Frauen in der Synagogengemeinde.
3. In dieser Gemeinde, einer der strenggläubigsten auf der Welt, war es nicht üblich, dass eine Verheiratete studierte. (verheiratete Frau – Frau in S. 2 zu weit entfernt).
4. Sie hatte sich als Fach Geschichte gewählt, und zwar osteuropäische.
5. Die Fleißige saß manchmal ganze Nächte über ihren Büchern.

(214f.) ## 2.2 Zeit und Tagesangaben

(215) **Aufgabe 1 zu Text 6 (214):**
Die Mutter macht sich Sorgen, wo er sich den ganzen Tag herumtreibt. Der Vater (vgl. Text 3) verbietet die Museumsbesuche, da Ascher die Schule schwänzt.

Aufgabe 2:
1. (Substantive): am späten Abend (Z. 4), am Mittag (Z. 7), den ganzen Nachmittag (Z. 10), am nächsten Morgen (Z. 13), von Dienstag bis Donnerstag (Z. 15)
2. (Adverbien): mittags (Z. 2), erst nachts (Z. 3), mittwochabends (Z. 9), abends (Z. 16)
3. heute Nachmittag (Z. 5, Z. 14), morgen Vormittag (Z. 10f.)

Aufgabe 3:
1. (Substantiv): der Abend, der Mittwochabend, am Vormittag, ein schöner Morgen, eines Dienstags, am morgigen Mittag
2. (Adverbien): morgens, feiertags, samstags
3. übermorgen Abend

Aufgabe 4:
a) Jeden Montagnachmittag gehe ich zum Handballtraining. Meine Hausaufgaben erledige ich mittags. Oft bleibt natürlich noch etwas für den Abend übrig. Als ich allerdings gestern Mittag nach Hause kam …
b) Die Aufgabe ist abhängig von den Interessen und Verpflichtungen der Schüler.

(215–217) 2.3 Schreibung mehrteiliger Namen

(215 f.) **Aufgabe 5:**
Ergänzungen: (großgeschrieben)
(S)chwarzes Meer, (F)leißiges Lieschen

(216) **Aufgabe 6** zu Text 7 (216):
Text 7A
John Franklin
Einer der berühmtesten englischen Seeoffiziere des 19. Jahrhunderts war John Franklin. Schon als junger Matrose war er auf allen Weltmeeren zu Hause. Er kannte das Kap der Guten Hoffnung, war um Kap Horn gesegelt, hatte die Fliegenden Fische im Pazifischen Ozean springen sehen und hatte schließlich auch das Nördliche Eismeer kennen gelernt. Als
5 Kapitän setzte er es sich zum Ziel, den polaren Seeweg zwischen Atlantischem und Stillem Ozean zu entdecken.

(216) **Aufgabe 7 a), b), c)** zu Text 7B (216 f.):
Franklin verließ im Jahre 1845 gut ausgerüstet den Londoner Hafen. Die britische Regierung hatte ihm und seiner Mannschaft zwei Schiffe zur Verfügung gestellt. Auf den Orkneyinseln (Orkney-Inseln), der nördlichsten Inselgruppe Großbritanniens, legten sie an, um lebende Ochsen als Frischfleisch an Bord zu nehmen. Dieser Aufenthalt war ihr Abschied von
5 der Alten Welt. Im Nördlichen Eismeer wurden sie zum letzten Mal von einem englischen Walfänger gesichtet. Dann verschwanden sie auf immer im ewigen Eis des Nördlichen Polarmeeres.
Lady Franklin, Johns Frau, wandte sich um Hilfe an die Londoner Regierung, an den Präsidenten der Vereinigten Staaten von Amerika, ja sogar an den St. Petersburger Hof. Aber alle
10 in- und ausländischen Suchaktionen blieben ohne Erfolg. Erst nach dem Zweiten Weltkrieg lüfteten kanadische Forscher das Geheimnis und stellten fest, dass alle Teilnehmer der Franklin-Expedition an Bleivergiftung gestorben waren. Bei chemischen Untersuchungen kam heraus, dass fehlerhaft verarbeitete Konservendosen den Tod der beiden Schiffsbesatzungen verursacht haben.

(217 f.) 2.4 Substantivierte Zahlwörter

(217) **Aufgabe 8** zu Text 8A (217 f.):
– fünf (Kardinalzahl; erg. Jahre alt)
– in den Siebzigern (Bez. eines Zeitraums)
– zehn (Kardinalzahl, erg. Jahre alt)
– Als Erstes (Ordinalzahl)
– Gleis vierzehn (Kardinalzahl)
– ICE fünfhundertfünfundachtzig (Kardinalzahl)
– auf der Sechs (Bez. der Ziffer auf der Uhr)
– nach neun (Kardinalzahl, erg. Uhr)

(218) **Aufgabe 9 a) und b)** zu Text 8B (218):
Zwei, drei Leute steigen aus, mehr als hundert drängeln in den Zug (Kardinalzahlen). „Warum muss man immer als Erster und Zweiter im Zug sein, wenn es selbst für den Zweihundertsten noch reichlich Platz gibt", wundert sich mein Großvater (vgl. Ordinalzahlen). Wir überlegen, dass wir beide wohl jeder einen guten Hunderter (Bez. eines Geldscheins) für die Reise nach München ausgeben müssten. „Auf glatter Strecke fährt der ICE nachher Tempo einhundertfünfzig (vgl. Kardinalzahlen) und ist nach fünfeinhalb Stunden (wie Adjektiv verwendet) schon am Ziel", fährt er fort. „Wäre es nicht eine tolle Idee, meinen Achtzigsten (Ordnungszahl; erg. Geburtstag) mit euch in München zu feiern? Ich habe zwar keine Millionen (Großzahl) angesammelt, aber wir werden sehen!"

(218–222) # 3. Getrennt- und Zusammenschreibung (Verben)

(218f.) ## 3.1 Auf den Zusammenhang kommt es an: Partikel + Verb

(219) **Aufgabe 1** zu Text 1 (218) und Text 2 (218f.) ist abhängig von den Beiträgen der Schüler.

Aufgabe 2 zu Text 1 (218):

Wortzusammensetzung	Wortgruppe
dahergelaufen	daher gelaufen
wiedergewinnen	wieder gewinnen
zusammenarbeiten	zusammen arbeiten

Aufgabe 3a) und b):
z. B. wiederholen – wieder holen
zusammenhalten – zusammen halten
zusammenstehen – zusammen stehen

Aufgabe 4 zu Text 3 (219):
Z. 1 zusammenfahren   – zusammen fahren
      (erschrecken)   (gemeinsam, miteinander)
Z. 2 zusammenschreiben   – zusammen schreiben
      (verbinden)   (miteinander)
Z. 3 dabeibleiben   – dabei bleiben
      (weiterhin teilnehmen) (bei diesem Vorschlag bleiben, darauf beharren)
Z. 3 f. dazulernen   – dazu lernen
      (Kenntnisse erweitern) (zu diesem Thema, Wissensgebiet)
Z. 4 f.   – dahin wünschen, (wo) …
                             (an diesen Ort …)

(219–222) ## 3.2 Die Verbindung von Adjektiv und Verb

(220) **Aufgabe 5 a), b), c)** zu Text 4 (219):
Z. 1:   schäbig aussehend
Z. 1 f.: sauber und glänzend poliert (polieren)
Z. 2:   übel riechend (riechen)
Z. 3:   lästig fallen
Z. 4:   schlecht erhalten
        kritisch blickend (blicken)
Z. 5:   wohl bekannt (kennen)
Z. 6:   (nicht recht) fertig werden
        (Das Wort „nicht" gilt nicht als Erweiterung.)
Z. 7:   blass gewordenen (werden)
Z. 7 f.: weit offen stehen lassen
Z. 8:   besser werden
Z. 9:   fein reagierend (reagieren)
Z. 10: bekannt machen

(220) **Aufgabe 6** zu Text 6 (220):
Was ist mir anderes <u>übrig geblieben</u>, als meinerseits meinen Namen zu murmeln? Dieser <u>grässlich stinkende</u> und <u>ewig lächelnde</u> Mann! „Die Zeichnungen sind <u>gut gemacht</u>, nicht wahr?", fragte er. Wirklich, die <u>fein geritzten</u> Schnitte zeigten wunderbare Abbilder einer <u>fern liegenden</u> Inselwelt. <u>Genau genommen</u> sah ich Derartiges zum ersten Mal. Ich war <u>völlig hingerissen</u>. All die <u>hoch gewachsenen</u> exotischen Bäume, die <u>wild lebenden</u> Tiere, die <u>sicher gebaute</u> Baumhöhle! Ich hörte Herrn Robenkels <u>hohl klingende</u> Stimme nur von Ferne: „Wollen Sie einem Erwerb nicht <u>näher treten</u>?"

(222) **Aufgabe 7** und **Aufgabe 8** zu den Texten 7 und 8 (211) sind abhängig von den Schülerbeiträgen. (Vgl. Aufgabe 10)

Aufgabe 9:
Infinitiv, Partizip Präsens, bei Endstellung des Verbs im Nebensatz,
z. B. festnehmen,
     festnehmend,
     wenn er festgenommen worden ist.